Wanderführer Pfalz

Die schönsten Wanderungen

- Rundwanderungen
- Streckenwanderungen
- Naturlehrpfade

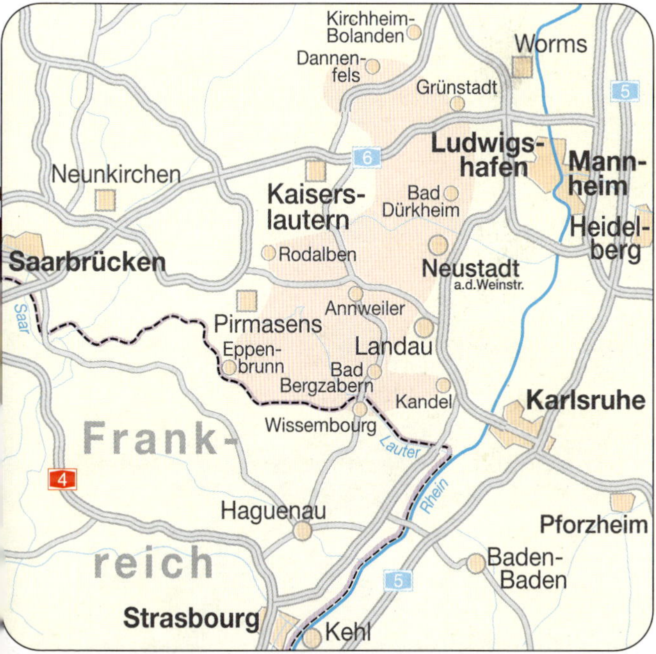

Kompass Wanderführer

Wanderführer Pfalz

Ausgewählt, begangen
und beschrieben
von Wolfgang Benz
mit einem Geleitwort von
Rainer Rund
Regierungspräsident und
Hauptvorsitzender des
Pfälzerwald-Vereins e. V.

KOMPASS - Karten GmbH
A-6063 Rum/Innsbruck

wandern+
radwandern

Die große Wanderführer-Reihe
für grenzenloses Wandern

Gesamte Kartographie:
Ing.-Büro Adolf Benjes

Umschlagbild:
Kreuzfelsen oberhalb von Hauenstein
(© Heinz Wittner)
Bild auf Seite 2:
Galgenfels bei Dahn
(© Ulrich Schnabel)

21. Auflage, 2006

ISBN 3-85491-856-9

Telefon 0043 - (0)512 - 2655610 • Fax 0043 (0)512 - 2655618
E-mail: kompass@kompass.at
http://www.kompass.at

Inhalt

Rundwanderungen

Weißenburg (Wissembourg), Stadthaus (© Ulrich Schnabel)

Lehrpfade und Ausflugsziele

Streckenwanderungen

Der Wanderweg »Deutsche Weinstraße«

Dahner Schlösser (© Heinz R. Wittner)

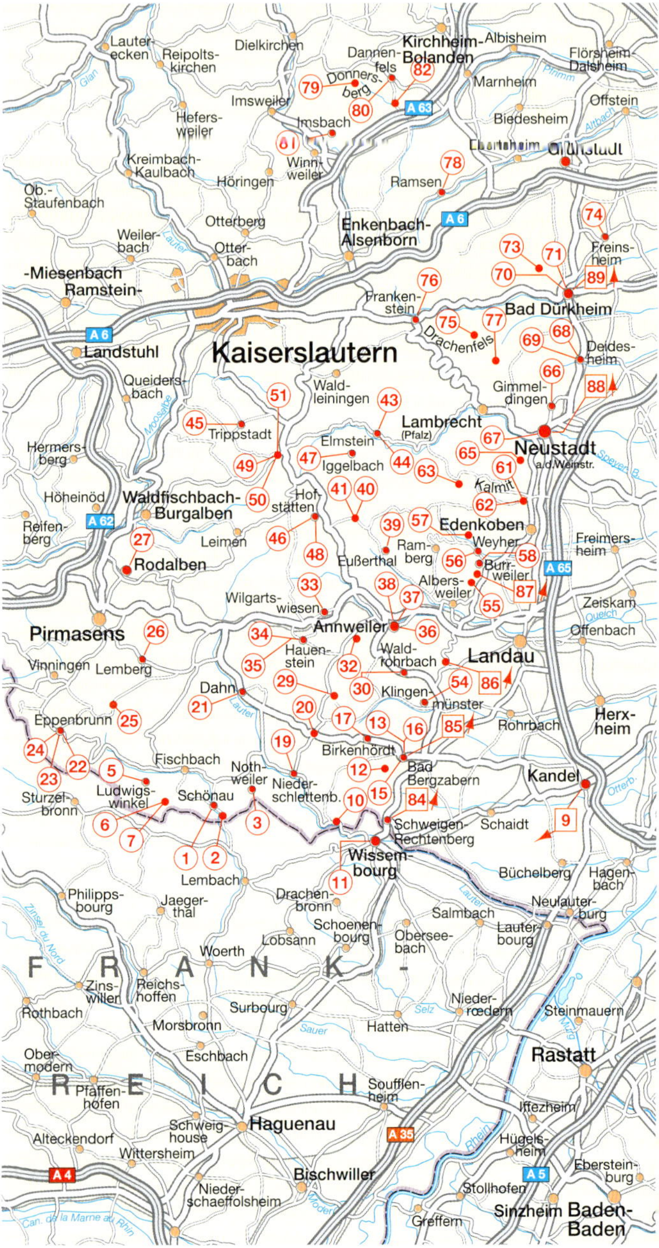
Lauter-ecken
Reipolts-kirchen
Dielkirchen
Dannen-fels
Kirchheim-Bolanden
Albisheim
Flörsheim-Dalsheim
Glan
Donners-berg
Marnheim
Pfrimm
79
80
82
Imsweiler
A 63
Offstein
Hefers-weiler
Imsbach
Biedesheim
Altbach
81
Kreimbach-Kaulbach
Winn-weiler
78
Höringen
Ramsen
Ob.-Staufenbach
A 6
74
Otterberg
Enkenbach-Alsenborn
Weiler-bach
Lauter
Otter-bach
73
71
Freins-heim
70
89
-Miesenbach
Ramstein-
76
Franken-stein
Bad Dürkheim
75
77
A 6
Landstuhl
Kaiserslautern
Drachenfels
69
68
Deides-heim
Queiders-bach
Wald-leiningen
66
51
43
Gimmel-dingen
88
Moosalbe
45
Trippstadt
Lambrecht
(Pfalz)
67
Neustadt
a.d.Weinstr.
Hermers-berg
Elmstein
65
Speyer B.
49
47
Iggelbach
44
63
61
Kalmit
Höheinöd
Waldfischbach-Burgalben
50
Hof-stätten
41
40
62
Reifen-berg
A 62
39
57
Edenkoben
46
Leimen
Ram-berg
Weyher
Freimers-heim
27
48
56
58
Rodalben
Eußerthal
Burr-weiler
A 65
33
38
Albers-weiler
87
Wilgarts-wiesen
37
55
Zeiskam
Queich
Pirmasens
26
34
Annweiler
36
Offenbach
Hauen-stein
Wald-rohrbach
Landau
Vinningen
Lemberg
35
32
86
Dahn
29
30
Klingen-münster
54
Herx-heim
Lauter
21
25
Eppenbrunn
20
17
13
16
85
Rohrbach
24
22
Fischbach
19
Birkenhördt
23
5
Noth-weiler
12
Bad Bergzabern
Kandel
Ludwigs-winkel
Nieder-schlettenb.
15
Otterb.
Sturzel-bronn
Schönau
10
84
6
3
Schweigen-Rechtenberg
Schaidt
9
7
1
2
Wissem-bourg
Lembach
11
Büchelberg
Hagen-bach
Philipps-bourg
Jaeger-thal
Drachen-bronn
Lauter
Neulauter-burg
Zinsel du Nord
Salmbach
Schoenen-bourg
Obersee-bach
Lauter-bourg
Lobsann
Woerth
F R A N K -
Zins-willer
Reichs-hoffen
Rothbach
Surbourg
Selz
Nieder-rœdern
Steinmauern
Morsbronn
Sauer
Hatten
Murg
Ober-modern
Eschbach
Rastatt
R E I C H
Pfaffen-hofen
Soufflen-heim
Iffezheim
Schweig-house
Haguenau
A 35
Alteckendorf
Rhein
Hügels-heim
Wittersheim
Eberstein-burg
A 4
Bischwiller
A 5
Nieder-schaeffolsheim
Stollhofen
Moder
Sinzheim
Baden-Baden
Can. de la Marne au Rhin
Greffern

Orts- und Sachverzeichnis

Mit Nummern-Angaben der betreffenden Wanderungen.
Schräg-gedruckte Zahlen weisen auf Kurzbeschreibungen im Text hin.

 Burg Berwartstein (© Ulrich Schnabel)

Annweiler, Gerbergasse (© Michael Klees)

Geleitwort

Der neue »Wanderführer Pfalz« wird für alle Wanderfreunde ein Leitfaden sein, um das reizende Fleckchen Erde noch besser kennenzulernen. Die sorgfältig ausgewählten Touren durch den Pfälzerwald mit seiner vielgestaltigen Sandsteinlandschaft sind eine einzigartige Entdeckungsreise. Die Wanderfreunde aus nah und fern werden nicht nur interessante dörfliche Siedlungen erreichen, in den Himmel ragende, mächtige Burgen erblicken und pittoreske Felslandschaften wahrnehmen, sondern auch Hütten aufspüren, die zum Erholen und zum Verzehr einladen, wobei die typische Lebenskultur bei einem Gläschen Pfälzer Wein nicht zu kurz kommen wird.

Ich bin überzeugt, daß der vorliegende »Wegweiser« durch das grüne Herz der geschichtsträchtigen Pfalz für alle Wanderer und Liebhaber dieser Landschaft unentbehrlich sein wird. Ich wünsche allen Lesern bei der Lektüre des Buches viel Freude und wertvolle Anregungen zum Erwandern der beschriebenen Routen. Möge der »Kompaß« die Wanderer stets auf dem richtigen Weg halten und zum Ziel bringen, so daß die gewonnenen Eindrücke von Natur, Wald, Weinbergen und Kulturdenkmälern zu einem unvergeßlichen Erlebnis werden.

Rainer Rund
Regierungspräsident a. D.

Auf dem Weg vom Gimbelhof zum Fleckenstein (© Heinz R. Wittner)

Vorbemerkungen

Immer mehr Wanderfreunde entdecken die Pfalz als ideales Wanderland der Kontraste zwischen Felsentürmen und Rebland, Burgen und Wäldern. Das Biosphärenreservat Pfälzerwald, Haardt und Weinstraße bilden das Kernstück dieses Führers, der auch einige grenzüberschreitende Wanderungen ins Elsaß und mehrere Rundwege im Gebiet des Donnersberges enthält. Neben langen und teilweise anstrengenden Tageswanderungen soll der Führer aber auch Familien mit Kindern eine Hilfe sein.

Die angegebenen *Wanderzeiten* gehen von einem durchschnittlichen Wandertempo aus, enthalten aber keine Rastzeiten. Die Höhenunterschiede ergeben sich aus der Addition aller im *Anstieg* zu bewältigenden Höhenmeter. Bei der Beschreibung der Wanderstrecken wurde absichtlich auf die Angabe der Himmelsrichtungen verzichtet, weil es nicht für jeden Wanderer selbstverständlich ist, diese bei jeder Witterung zu bestimmen. Die Richtungsangaben rechts-links sind einfach im Sinne der Wanderrichtung zu lesen.

Ein Wanderführer mit fast 100 Vorschlägen im Taschenbuchformat kann keine Fachliteratur über das ganze Gebiet ersetzen und muß sich darauf beschränken, auf besondere Sehenswürdigkeiten oder Eigenarten in Stichworten hinzuweisen. Der interessierte Wanderer findet jedoch eine umfangreiche Pfalzliteratur.

Die bei den einzelnen Wandervorschlägen empfohlenen Wanderkarten 1:25 000 des Landesvermessungsamtes Rheinland-Pfalz garantieren auch dann eine problemlose Orientierung, wenn irgendwo eine Lücke in der Wegmarkierung entstanden ist. Die neuesten Auflagen enthalten alle Veränderungen in den Wegbezeichnungen. Diese Wegmarkierungen, Schutzhütten, Informationstafeln und Aussichtstürme werden durch die Mitglieder des Pfälzerwald-Vereins in vorbildlicher Weise betreut. In den bewirtschafteten Häusern dieses Vereins findet der Wanderer überall gastliche Aufnahme.

Alle beschriebenen Wege wurden im Gelände erkundet. Verlag und Verfasser bedanken sich für alle Hinweise auf Veränderungen oder notwendige Ergänzungen. Der Kompass Wanderführer will Ihnen ein zuverlässiger Begleiter durch das herrliche Wanderland der Pfalz sein.

Wolfgang Benz

1 Von Schönau zur Wegelnburg und über die Felsennester Hohenburg und Löwenstein zum Fleckenstein im Elsaß

Verkehrsmöglichkeiten Der Grenzort Schönau liegt etwa 12 Kilometer Luftlinie südlich von Dahn. Busverbindungen über Hinterweidenthal nach Pirmasens und Dahn.
Parkmöglichkeiten Großer Parkplatz in der Ortsmitte, Zufahrt beschildert.
Wegmarkierungen Rot-gelber Strich und örtliche Wegweiser zur Wegelnburg, roter Strich bis Fleckenstein, rot-weiß-roter Strich bis Hirschthal, grün-gelber Strich bis Schönau.
Tourenlänge 14 Kilometer.
Wanderzeit 3½ Stunden, siehe jedoch Anmerkung.
Höhenunterschiede Etwa 420 Höhenmeter, kräftiger Anstieg zwischen Schönau (220 m) und Ruine Wegelnburg (571 m).
Wanderkarte 1:25 000 Dahn und Umgebung mit elsässischem Grenzgebiet.
Wissenswertes Die *Wegelnburg* entstand bereits im 12. Jahrhundert als Reichsburg. Zwar sind nur noch Reste der Anlage erhalten, die Rundsicht von dieser höchstgelegenen Burgruine der Pfalz entschädigt jedoch für alle Anstiegsmühen. An klaren Tagen ist sogar der Turm des Straßburger Münsters zu erkennen. Die *Hohenburg* stammt aus dem 13. Jahrhundert, wurde durch Franz von Sickingen wehrhaft ausgebaut, im Jahre 1523 jedoch erstürmt und zerschlagen. Die später als Renaissanceschloß wieder aufge-

Burgruine Wasigenstein (© Michael Klees)

baute Anlage fiel in den Franzosenkriegen (1679) in Schutt und Asche.

Das Felsennest *Löwenstein* entstand im 12. Jahrhundert. Hier hauste der gefürchtete Raubritter und Wegelagerer »Lindenschmidt«, bis er in Frankenthal an den Galgen kam.

Anmerkung Das Besteigen und Durchstöbern der Felsenburgen macht Spaß erfordert aber reichlich Zeit. Diese ist der angegebenen Wanderzeit von 3½ Stunden zuzuschlagen. Die Wanderung überschreitet die deutsch-französische Grenze.

Tourenbeschreibung Ein geschnitzter Holzwegweiser zeigt in der Ortsmitte von *Schönau* den Anstieg zur Wegelnburg an, der zunächst für 20 Minuten einem gleichmäßig ansteigenden Betonweg folgt. Zahlreiche Wegweiser führen nach etwa 50 Minuten Gehzeit zu einer Wegspinne. Ein schmaler Ziehweg führt nun halbrechts weiter und bringt uns in weiteren 15 Minuten hinauf zur Aussichtskanzel auf der *Wegelnburg*. »Die Aussicht von der prächtigen Höhe nach allen Seiten hin ist eine der großartigsten und schönsten der Vogesen und wetteifert mit jener auf der Madenburg.« Dieses Zitat des Pfalz-Dichters August Becker stammt zwar aus dem 18. Jahrhundert, hat aber noch immer seine Gültigkeit.

Die rote Strichmarkierung weist den kurzen Abstieg zur deutsch-französischen Grenze, an der eine kleine Schutzhütte steht. Bereits sichtbar ist unser nächstes Wanderziel, die *Ruine Hohenbourg* (533 m). Fast auf Rufweite folgt schon das nächste Felsennest, die Burg *Löwenstein*, im Volksmund »Lindenschmidt«

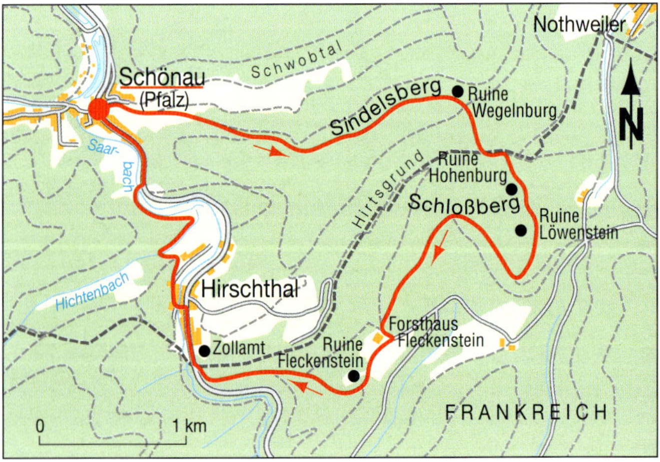

genannt. Hier wendet sich unser Weg talwärts, und unvermittelt taucht die riesige Felsenbastion des *Fleckenstein* vor uns auf, den wir in wenigen Minuten erreichen. Die Ersteigung und Erkundung dieser großartigen Burganlage wird sicher zum Höhepunkt dieser Rundwanderung.

Unterhalb des Burgeingangs beginnt der Abstieg als schmaler, stellenweise etwas verwachsener Waldpfad, der sich später zum breiten Weg erweitert und in 20 Minuten zum früheren Zollhaus an der Grenze hinabführt. Im kleinen Dörflein *Hirschthal* wandern wir durch die Brückenstraße zum linken Talrand hinüber und folgen dabei der grün-gelben Strichmarkierung. Der schöne Wanderweg mündet 600 Meter vor Schönau in die Fahrstraße ein, auf der wir zum Ausgangspunkt dieser Rundwanderung zurückkehren.

2 Vom Zollhaus Hirschthal bei Schönau über die Ruinen Froensburg und Wasigenstein nach Wengelsbach im Elsaß

Verkehrsmöglichkeiten Der Grenzort Schönau liegt etwa 12 Kilometer Luftlinie südlich von Dahn. Busverbindung über Hinterweidenthal nach Pirmasens und Dahn. Nicht motorisierten Wanderern wird empfohlen, die Wanderung in Schönau zu beginnen, da zum Teilort Hirschthal keine günstige Verbindung mit öffentlichen Verkehrsmitteln besteht.
Parkmöglichkeiten Begrenzte Parkfläche am Grenzübergang Hirschthal, großer Parkplatz in der Ortsmitte von Schönau.
Wegmarkierungen Rote Raute (Vogesenclub) und blauer Strich zum Sattel über dem Sauertal zwischen Fuchsberg und Engenteich, roter Strich zur Froensburg und über den Zigeunerfelsen zum Parkplatz Klingelfels und zum Wasigenstein. Ab Klingelfels rotes Kreuz nach Wengelsbach und direkt nach Schönau oder rot-gelber Strich über Wengelsbacher Hals, grün-gelber Strich von Schönau nach Hirschthal.
Tourenlänge 15 Kilometer.
Wanderzeit 4½ Stunden.
Höhenunterschiede Insgesamt etwa 350 Höhenmeter, kräftiger Anstieg zwischen deutsch-französischer Grenze und Ruine Froensburg.
Wanderkarte 1:25 000 Dahn und Umgebung mit elsässischem Grenzgebiet.
Wissenswertes Die Burgruine *Froensburg* ist eines der vielen Felsennester im Grenzland. Sie klebt keck auf schroffem Fels-

 Die sagenumwobene Burg Wasigenstein (© Heinz R. Wittner)

Wengelsbach (© Heinz R. Wittner)

sporn, und uralte Sagen – auf die eine knapp gefaßte Wegbeschreibung nicht eingehen kann – ranken sich um das Gemäuer.

Der *Wasigenstein* wurde schon im 12. Jahrhundert auf zwei Felstürmen erbaut, die durch eine tiefe Kluft getrennt sind. Nach dem Waltharilied kämpfte Walther am Wasigenstein gegen die Burgunderkönige. Mögen sich die Gelehrten um den geschichtlichen Nachweis streiten, eine Wanderrast auf dem stillen Felsplateau des Wasigenstein ist immer eine romantische und idyllische Freude.

Anmerkung Da die Wanderung die Grenze nach Frankreich überschreitet, ist ein gültiger Personalausweis mitzuführen.

Tourenbeschreibung Der Wanderweg quert direkt vor der Grenze in Hirschthal bei einem Wehr die Lauter; der Talgrund ist dort meist etwas sumpfig. Ein mit roter Raute gekennzeichneter Pfad verläßt die Talsohle, steigt kräftig an und erreicht bei einer kleinen Schutzhütte den Sattel zwischen Fuchsberg und Engenteich.

Der Rückblick zeigt die gewaltige Felsenburg des Fleckenstein, vor uns erscheint die Froensburg. Vom Sattel steigen wir nur wenige Meter ab, folgen dem breiten Fahrweg einige Schritte nach rechts und dürfen hier die Markierung nicht übersehen, denn der schmale Pfad schlüpft nach links in den Wald und zieht zur *Froensburg* hinüber.

Bei der Ruine zeigt der rote Strich den weiteren Wegverlauf an. Er führt um den Falkenberg herum hinauf zum Sattel (kleine

Schutzhütte). Bald darauf ist der Zigeunerfelsen erreicht. Die Felsenkrone ist auf der Rückseite durch Leitern zugänglich gemacht. Unser Weg zieht aber am Fuße der langgezogenen Felsengruppe entlang und bringt uns zum *Parkplatz Klingelfels*. Nun folgt ein kurzer Abstieg zur Ruine Wasigenstein, die über steile Treppen erklommen werden muß.

Anschließend wandern wir auf gleichem Wege zum Parkplatz Klingelfels zurück und vertrauen uns hier der Markierung rotes Kreuz an, die uns schnell in das kleine elsässische Dörflein *Wengelsbach* hinabgeleitet.

Ab Wengelsbach bieten sich zwei Varianten nach Schönau an:

a) Man folgt weiter dem roten Kreuz und wandert am Kirchlein vorbei zur Bundesgrenze und direkt durch die Talaue nach Schönau.

b) Man wählt den ganz kurzen Anstieg zum Wengelsbacher Hals (rot-gelber Strich beim Restaurant du Wasigenstein) und kommt ebenfalls nach Schönau.

Ab Ortsmitte Schönau müssen wir für 600 Meter dem Fahrsträßchen in Richtung Hirschthal folgen, dann führt der Wanderpfad nach rechts über die Sauer und geleitet auf schönem Weg bis zur Grenze in Hirschthal.

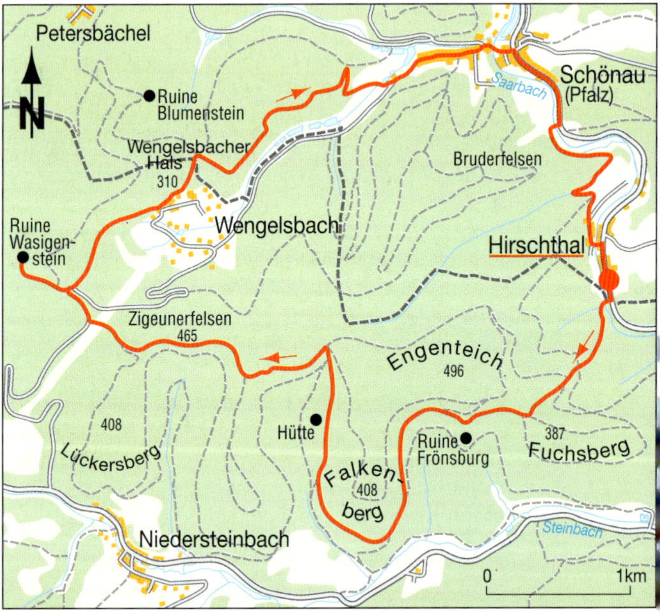

3 Von Nothweiler zur Wegelnburg und über den Fleckenstein zum Gimbelhof

Verkehrsmöglichkeiten Nothweiler liegt südlich von Dahn, Busverbindungen nach Dahn und Pirmasens.
Parkmöglichkeiten Parkgelegenheit in der Ortsmitte.
Wegmarkierungen Rot-gelber Strich und örtliche Wegweiser zur Wegelnburg und roter Strich weiter zum Fleckenstein, rot-weiß-roter Strich zum Gimbelhof, rotes Kreuz nach Nothweiler.
Tourenlänge 13 Kilometer.
Wanderzeit 4 Stunden, siehe jedoch Anmerkung.
Höhenunterschiede Insgesamt etwa 350 Höhenmeter, kräftiger Anstieg zur Wegelnburg.
Wanderkarte 1:25 000 Dahn und Umgebung mit elsässischem Grenzgebiet.
Wissenswertes *Wegelnburg, Hohenstein* und *Löwenstein* siehe

Blick von der Wegelnburg auf Nothweiler (© Heinz R. Wittner)

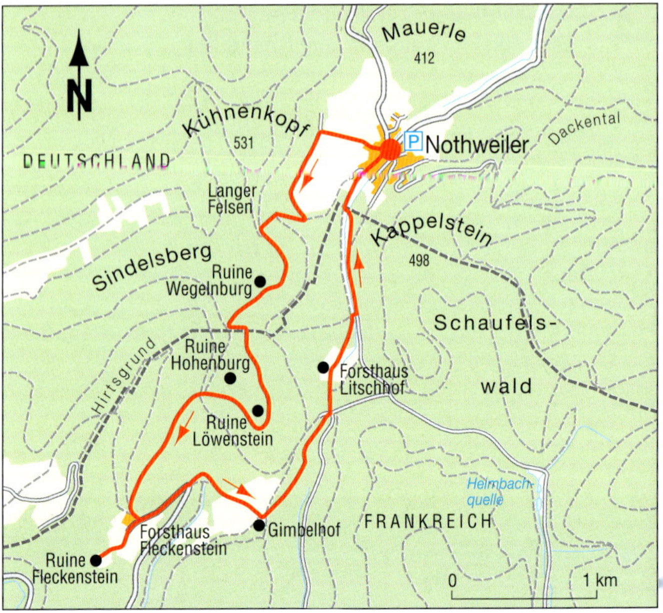

Tour 1. – In der Ortsmitte von *Nothweiler* erinnert der Zeppelinbrunnen an den Flugpionier. Nach einem kühnen Husarenritt im Jahre 1870 soll der Graf hier als junger Offizier sein Pferd getränkt haben. Der Anstieg zur Wegelnburg führt durch das Naturschutzgebiet Zeppelinhalde mit schöner Wacholderheide. Der *Fleckenstein* ist die eindrucksvollste Felsenburg im Grenzland zwischen Pfalz und Elsaß. Die Burg galt als uneinnehmbar. Das Herumstöbern in den Treppenschächten, Kellern und Kammern ist besonders für Kinder ein abenteuerliches Vergnügen. Taschenlampe mitnehmen! Am Eingang der Burg, die gegen eine Gebühr besichtigt werden kann, wird eine Broschüre mit der Geschichte des Fleckensteins angeboten. Im Juni 2002 wurde beim Forsthaus Fleckenstein das interessante Info-Center mit Bistro eröffnet.

Anmerkungen Da auch diese Rundwanderung über die französische Grenze führt, ist ein gültiger Personalausweis mitzuführen. Die Wanderung ist im Mittelteil identisch mit Tour 1. Es lohnt sich aber durchaus, die Kette der Burgen aus verschiedenen Richtungen anzuwandern.

Tourenbeschreibung Eine dunkle Holztafel in der Ortsmitte von *Nothweiler* zeigt den Beginn des Anstiegs zur Wegelnburg an. Er führt durch die Graf-Zeppelinstraße und entlang des ältesten Naturschutzgebietes der Südpfalz durch die Wacholderheide. Nach kräftigem Anstieg stehen wir auf der Felsenkrone der *Wegelnburg*, der höchstgelegenen Burg der Pfalz mit ihrer vielbesungenen Aussicht. Der gut bezeichnete Weiterweg überschreitet am Kaiser-Wilhelm-Stein die deutsch-französische Grenze und zieht an den Felsenburgen *Hohenstein* und *Löwenstein* vorbei zum Fleckenstein. Dieses Wegstück ist unter Tour 1 genauer beschrieben.

Nach der Besichtigung des *Fleckenstein* wandern wir links des Fahrweges über den neu eingerichteten Köhler-Lehrpfad (rot-weiß-roter Strich) hinüber zum nahen *Gimbelhof*, wo bei der einladenden Gartenwirtschaft besonders an schönen Ausflugstagen immer reger Betrieb herrscht.

Auch das letzte Wegstück über den *Litschhof* ist gut bezeichnet und führt über die Bundesgrenze nach Nothweiler zurück.

4 Das Besucherbergwerk bei Nothweiler im Wasgau

Das gepflegte kleine Dörflein Nothweiler liegt im ruhigsten Winkel des Wasgaus, ganz dicht an der deutsch-französischen Grenze und inmitten eines herrlichen Wandergebietes. Die schönsten Punkte sind in die Rundwanderungen 1, 2, 3, 5, 6, 7 eingebunden. Besonders empfehlenswert ist der Anstieg zur nahen Wegelnburg, der höchstgelegenen Burgruine im weiten Umkreis. Anfahrt nach Nothweiler aus Richtung Dahn über Bruchweiler – Bärenbach oder aus Richtung Bad Bergzabern über Erlenbach – Niederschlettenbach.

Schon im späten Mittelalter wurde in dieser abgelegenen Gegend nach Eisenerz geschürft, im Jahre 1582 entstand im nahen Schönau die erste Eisenhütte. Erst im 19. Jahrhundert erlebte die Eisengewinnung ihren Höhepunkt durch die Unternehmerfamilie Gienanth, waren doch Arbeitskräfte in diesem armen Waldland überreichlich vorhanden. Brunnentröge aus Gußeisen erinnern heute noch an diese Zeit, Ofenplatten, Öfen und Gefäße aller Art waren weit verbreitet. Der Import von billigem Eisen brachte den Bergbau zum Erliegen, und die letzte Grube mußte im Jahre 1883 stillgelegt werden.

Seit 1977 ist nun wieder ein Ausflug in die 150 Millionen Jahre alte Erdgeschichte möglich, ein lehrreiches Vergnügen, nicht nur an heißen Sommertagen. Die unter großen Mühen wieder erschlossene St.-Anna-Grube führt 420 Meter tief in den Berg, dabei erklärt eine sachkundige Führung die Geschichte des Bergbaus. Die gewaltigen Urkräfte der Natur, die beim Einbrechen des Rheingrabens freigesetzt wurden, hinterließen erzreiche Spalten und Klüfte, denen die Bergleute nachspürten.

Der St.-Anna-Stollen liegt östlich von Nothweiler, der Zugang ist gut bezeichnet und beansprucht eine Gehzeit von etwa 15 Minuten. Auskunft erteilt das Fremdenverkehrsbüro Dahn.

5 Von Ludwigswinkel nach Stürzelbronn im Elsaß

Verkehrsmöglichkeiten Ludwigswinkel liegt südlich von Pirmasens an der Deutsch-Französischen Touristikstraße. Busverbindungen in Richtung Fischbach – Dahn.
Parkmöglichkeiten Beim Hotel Rösselsquelle am Ende der Bitscher Straße und am Sägmühlweiher.
Wegmarkierungen Gelber und grüner Ring bis kurz nach Grenze, gelber Ring bis kurz vor Bremendell, roter Ring über Stürzelbronn nach Erlenkopf, blau-weißer Strich bis Campingplatz, grüner Strich bis Ludwigswinkel.
Tourenlänge 24 Kilometer.
Wanderzeit 6½ Stunden.
Höhenunterschiede Insgesamt etwa 350 Höhenmeter.
Wanderkarte 1:25 000 Pirmasens und Umgebung mit lothringisch-elsässischem Grenzgebiet.

 Blick vom Stürzelbronner Kreuz auf Stürzelbronn (© Heinz R. Wittner)

Wissenswertes Der Besucher des kleinen Weilers *Stürzelbronn* kann nicht ahnen, daß hier das bedeutendste Kloster des weiten Umkreises mit der Grablege der Lothringer Herzöge bestand. Die Zisterzienserabtei wurde im Jahre 1135 gegründet, erlebte Plünderungen, Zerstörungen und Wiederaufbau und wurde nach der Revolution (1789) endgültig aufgegeben. Aufmerksame Beobachter entdecken nur noch in Torbogen und Hausmauern die Überreste der einst mächtigen Anlage, die schließlich als Steinbruch genutzt wurde.
Anmerkung Die lange Rundwanderung führt zu keinen Attraktionen oder besonderen Aussichtspunkten. Wer es aber liebt, stundenlang durch einsames und streckenweise sehr ursprüngliches Waldgebiet zu wandern, der findet hier seine Freude. Auch Pilzfreunde sollen in diesem ruhigen Grenzland gelegentlich ins »Ausschwärmen« kommen. Ein gültiger Personalausweis ist mitzuführen. Die Rundwanderung schließt einen Teil der Rundwanderwege ein, die im Rahmen des grenzüberschreitenden Biosphärenreservats eingerichtet wurden (siehe Nr. 14).

Tourenbeschreibung Auf breitem Fahrweg geht es zunächst in etwa 30 Minuten hinaus zur deutsch-französischen Grenze, wo rechts des Weges uralte Grenzsteine stehen. Zwei Minuten nach Grenzübertritt zeigt sich ein großes Angebot neuer Wegmarkierungen. Wir gehen geradeaus weiter (Wegweiser Bremendell direkt), bis kurz vor dem Weiler unser Weg nach rechts abbiegt (roter Ring, Wegweiser Stürzelbronn 1 h 10 min). Der Weiterweg beschreibt einen weiten Bogen, und nach Passieren eines auffallenden Felskopfes links unseres Weges heißt es aufpassen, denn die Markierung zeigt etwas unauffällig nach rechts und führt als schmaler Pfad nach *Stürzelbronn* hinab, wo wir in Höhe des Naturfreundehauses die Straße betreten (Felsblock mit Informationen zum ehemaligen Kloster).

Nach der Kirche führt der Wanderweg durch ein Steinportal, an Schule und Rathaus vorbei und schließlich am Ende des Dorfes (Wegweiser Erlenkopf 1 h) steil hinauf und durch eine ursprüngliche Waldlandschaft zur Grenze und zum *Erlenkopf*, wo noch ein mit Steinplatten abgedeckter Brunnen und ein Gedenkstein an eine frühere Hofstätte erinnern.

Hier übernimmt der weiß-blaue Strich die Führung (Wegweiser Ludwigswinkel 7 km). An der nächsten Gabelung geht es wieder rechts ab und wir berühren noch einmal die deutsch-französische Grenze. Nach weiteren 15 Minuten verläßt unser Pfad den Hauptweg nach links, berührt den Mummelsfelsen (Sitzbank) und führt dann steil hinab durch eine Naturwaldzelle, wo jede forstliche

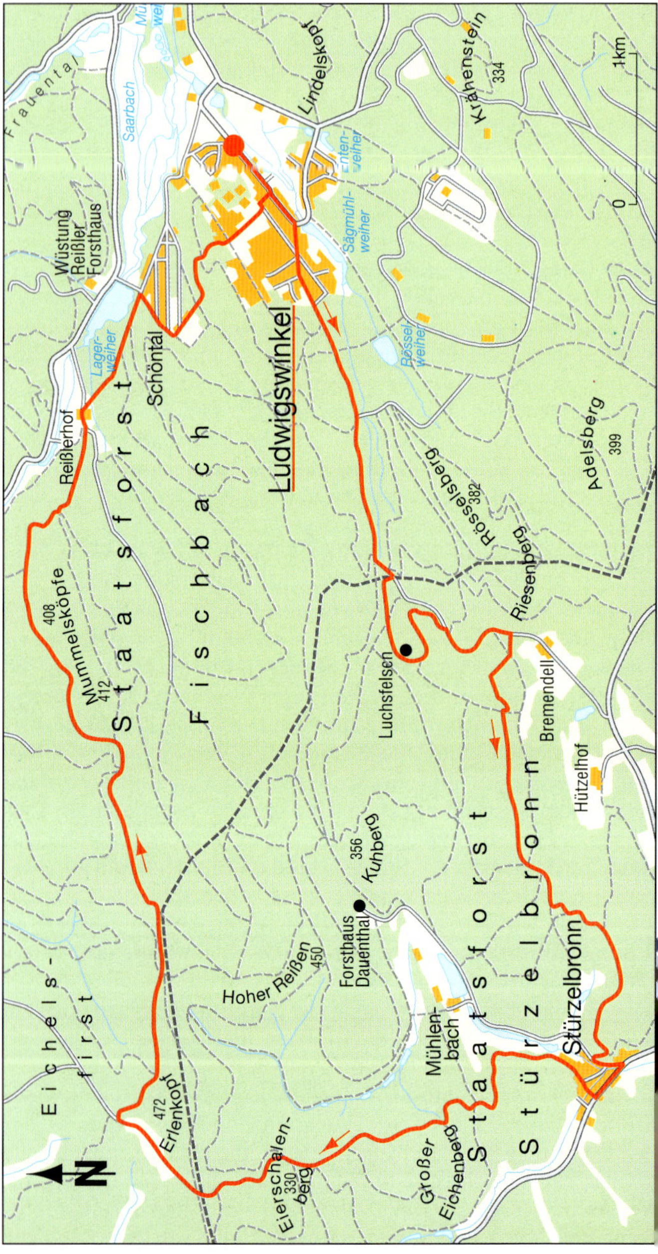
Frauental
Saarbach
Lindelskopf
Krähenstein
334
1km
0
Wüstung Reißler Forsthaus
Enten-weiher
Sägmühl-weiher
Lager-weiher
Schöntal
Ludwigswinkel
Rössel-weiher
Reißlerhof
Staatsforst
Fischbach
Rösselsberg
382
Adelsberg
399
408
Mummelsköpfe
412
Riesenberg
Luchsfelsen
Bremendell
Hützelhof
356
Kuhberg
Forsthaus Dauenthal
Hoher Reißen
450
Eichels-first
Stürzelbronn
Mühlen-bach
Staatsforst
Stürzelbronn
472
Erlenkopf
Eierschalen-berg
330
Großer Eichenberg
N

Nutzung ruht. Der Weg ist offensichtlich wenig begangen und stark überwachsen. Ein Gewirr riesiger Baumstämme bildet ein fast urwaldartiges Gelände. Aber bald taucht auch wieder die zuverlässige Markierung auf, und wir erreichen beim *Reißlerhof* den Talgrund. Nach den Camping- und Sportanlagen folgen wir dem grünen Strich nach rechts und kommen so direkt zum Ausgangspunkt dieser lohnenden Rundtour.

6 Von Petersbächel zur Ruine Lützelhardt, nach Obersteinbach im Elsaß und zu den Ruinen Wasigenstein und Blumenstein

Verkehrsmöglichkeiten Der Fischbacher Ortsteil Petersbächel liegt am Südrand des Dahner Felsenlandes und dicht an der deutsch-französischen Grenze. Mit öffentlichen Verkehrsmitteln nur etwas umständlich über Pirmasens oder Dahn zu erreichen.
Parkmöglichkeiten Großer Parkplatz beim Wanderheim Walthariklause des Pfälzerwald-Vereins in Petersbächel.
Wegmarkierungen Rot-gelber Strich bis Zollstock (Florenberger Hals), blau-weißer Strich über Bayrisch Windstein zur Landesgrenze, gelbes Kreuz bis Ruine Lützelhardt und gelber Strich nach Obersteinbach. Roter Strich über Wasigenstein zum Parkplatz Klingelfels, rotes Kreuz nach Wengelsbach und zum Wengelsbacher Hals, blau-weißer Strich zum Zollstock.
Tourenlänge 19 Kilometer. **Wanderzeit** 5 Stunden.

Obersteinbach, beliebter Ausgangspunkt für Wanderungen (© Heinz R. Wittner)

Höhenunterschiede Insgesamt etwa 330 Höhenmeter, verteilt auf angenehme Anstiege.
Wanderkarte 1:25 000 Dahn und Umgebung mit elsässischem Grenzgebiet.
Wissenswertes Bis heute brennen im alten Köhlerdorf *Petersbächel* alljährlich die Kohlenmeiler. Die *Burg Lützelhardt* entstand im 12. Jahrhundert unter den Herzögen von Lothringen und gehörte später zum bedeutenden Kloster im nahen Stürzelbronn. *Obersteinbach* liegt inmitten zahlreicher Burgen und wird vom imposanten Wachtfelsen überragt. Die berühmte elsässische Küche kann hier das Wandervergnügen abrunden. Wasigenstein siehe Tour 2, *Blumenstein* siehe Tour 7.
Anmerkungen Im pfälzisch-elsässischen Grenzland ist das Netz der Wanderwege besonders dicht, liegen doch attraktive Ziele wie Burgruinen und Aussichtsfelsen oft fast in Rufweite beisammen. Die früher etwas dürftigen Wegmarkierungen auf französischer Seite wurden in den letzten Jahren vorbildlich erneuert und entsprechen heute der mustergültigen Wegbezeichnung des Pfälzerwald-Vereins. Dadurch entstehen unzählige Varianten zur Abkürzung und Verlängerungen von Wanderungen unter Zuhilfenahme der genauen Wanderkarten im Maßstab 1:25 000, die bei jedem Wandervorschlag genannt sind.

Tourenbeschreibung Direkt beim Parkplatz beginnt der kurze Anstieg zum *Zollstock* (Florenberger Hals), wo zehn Wege zusammenlaufen. Hier berühren wir die deutsch-französische Grenze. Die blau-weiße Markierung folgt nach rechts einem schönen, steigungsfreien Hangweg und erreicht an der Felsenkanzel *Bayrisch-Windstein* einen Rastplatz. Direkt beim Felsen beginnt der steile Abstieg zum Talgrund, wo der Wanderweg für etwa 600 Meter wieder der Landesgrenze folgt. Der kurze Anstieg zur Burg *Lützelhardt* ist deutlich gekennzeichnet.

Am Fuße des Burghügels zeigt ein Wegweiser die Richtung nach Obersteinbach an (gelber Strich). Beim Verlassen des Waldes queren wir den Talgrund und wandern am Waldrand entlang zum Ort. Vorbei an zahlreichen Laufbrunnen, schmucken Häusern – und verlockenden Speisekarten – geht es durch *Obersteinbach*. Wir lassen den ersten bezeichneten Abzweig in Höhe des Rathauses (Mairie) außer acht und folgen der Hauptstraße, bis nach links die Rue de l'Arnsbourg abzweigt (Wegweiser Wasigenstein 45 Minuten). Der rote Strich begleitet uns bergan zum Felsennest *Wasigenstein* und weiter zum Parkplatz am Klingelfelsen. Hier queren wir die Fahrstraße, entdecken das rote Kreuz und wandern in 20 Minuten hinab zum idyllisch gelegenen

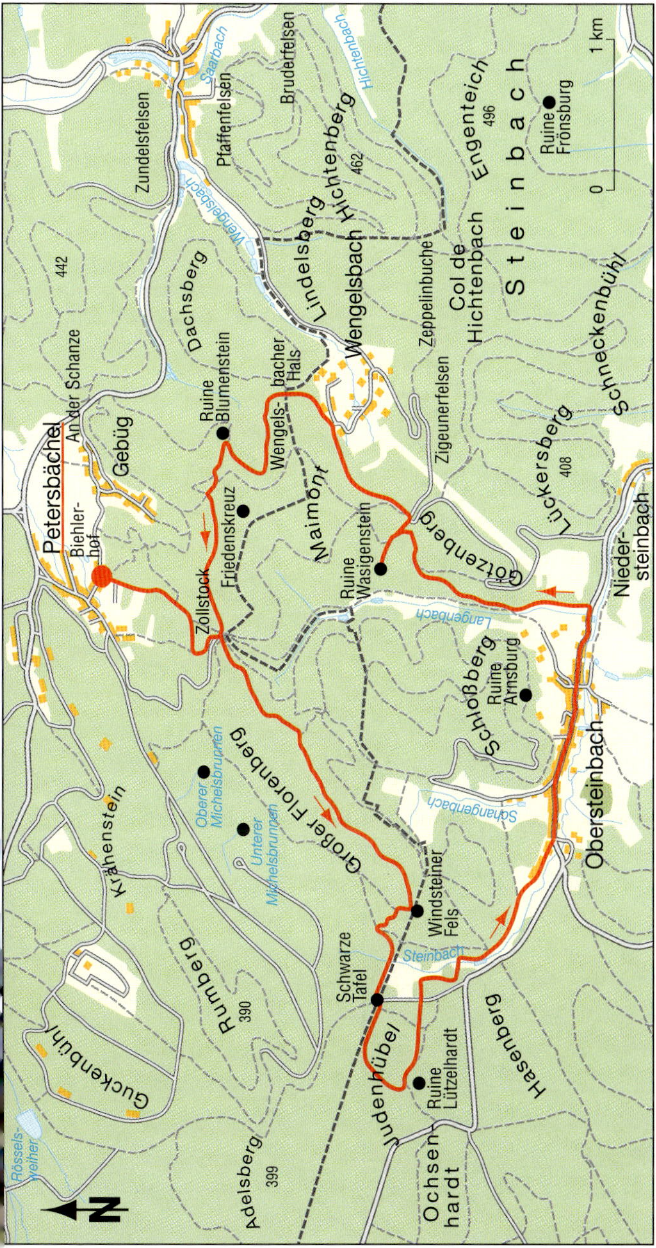
Petersbächel
Biehlerhof
An der Schanze
Gebüg
Zundelsfelsen
Pfaffenfelsen
Bruderfelsen
Saarbach
Wengelsbach
Hichtenbach
Hichtenberg
462
Lindelsberg
Wengelsbach
Dachsberg
442
Ruine Blumenstein
Wengels-bacher Hals
Zeppelinbuche
Col de Hichtenbach
Engenteich
496
Steinbach
Ruine Frönsburg
0
1 km
Friedenskreuz
Zollstock
Maimont
Ruine Wasigenstein
Götzenberg
Zigeunerfelsen
Lückersberg
408
Schneckenbühl
Nieder-steinbach
Langenbach
Schloßberg
Ruine Arnsburg
Obersteinbach
Schangenbach
Oberer Michelsbrunnen
Unterer Michelsbrunnen
Großer Florenberg
Krähenstein
Windsteiner Fels
Steinbach
Schwarze Tafel
Judenhübel
Ruine Lützelhardt
Hasenberg
Rumberg
390
Guckenbühl
Adelsberg
399
Rösselsweiher
Ochsenhardt
N

 Burg Lützelhardt (© Heinz R. Wittner)

Weiler *Wengelsbach.* Direkt beim Restaurant du Wasigenstein beginnt der letzte kurze Anstieg zum *Wengelsbacher Hals* an der Landesgrenze. Mit dem blau-weißen Strich wandern wir zur *Ruine Blumenstein* und wenige Gehminuten später bietet sich noch eine interessante Variante über den Maimont zum Friedenskreuz an (rot-gelber Strich). Beide Wege führen schließlich zum Zollstock, wo wir in den vom Anstieg her bekannten Weg einmünden.

7 Von Petersbächel über den Maimont zur Ruine Blumenstein und nach Schönau

Verkehrsmöglichkeiten Der Fischbacher Ortsteil Petersbächel liegt am Südrand des Dahner Felsenlandes und dicht an der deutsch-französischen Grenze. Mit öffentlichen Verkehrsmitteln nur etwas umständlich über Pirmasens oder Dahn zu erreichen.
Parkmöglichkeiten Bei der Walthariklause (Wanderheim des Pfälzerwald-Vereins in Petersbächel).
Wegmarkierungen Rot-gelber Strich zum Friedenskreuz, örtliche Markierung zum Maimont (Opferschale), zur Ruine Blumenstein und nach Schönau, grüner Strich bis Petersbächel.
Tourenlänge 14 Kilometer. **Wanderzeit** 3½ Stunden.
Höhenunterschiede Insgesamt etwa 380 Höhenmeter, kräftiger Anstieg zwischen Petersbächel (250 m) und Maimont (513 m).

Petersbächel, Wasgaulandschaft beim Blumenstein (© Heinz R. Wittner)

Wanderkarte 1:25 000 Dahn und Umgebung mit elsässischem Grenzgebiet.

Wissenswertes Der *Maimont* hatte schon in keltischer und römischer Zeit eine besondere Bedeutung. Bis heute ist die Ringmauer einer Fliehburg erhalten, die den Hauptgipfel einschließt. Eine geborstene Steinschale wird – zumindest im Volksmund – als Opferschale gedeutet. Die Maimonthöhe war im Zweiten Weltkrieg hart umkämpft, das Friedenskreuz auf dem Nebengipfel erinnert an die Opfer. – Die *Ruine Blumenstein* sitzt auf einem massigen Felsklotz und wurde im 13. Jahrhundert durch die Grafen von Zweibrücken erbaut. Die Burg ist längst zerfallen, doch lohnt sich der kurze Anstieg zur Felsenkrone.

Anmerkung Da auch diese Rundwanderung die französische Grenze überschreitet, sollte ein gültiger Personalausweis mitgeführt werden.

Ab Opferschale bietet sich eine Wegvariante an: Mit der Markierung rot-weiß-rot geht es durch den Keltenringwall und auf schattigem Waldpfad in 15 Minuten hinab zum Col du Maimont (Wasigensteiner Hals). Wir folgen für weitere 15 Minuten der roten Raute (Zabernweg) nach links und münden dann wieder in unseren rot-gelb markierten Wanderweg ein, der in weiteren fünf Minuten zum Blumenstein hinabführt. Die Wegstrecke verlängert sich durch diese Variante um etwa 2 fast steigungsfreie Kilometer.

Tourenbeschreibung Direkt beim Parkplatz beginnt der kurze Anstieg zum *Zollstock* (Florenberger Hals), wo zehn Wege zusammenlaufen.

Der steile Zickzackweg führt entlang der Grenze weiter steil bergan. In Höhe des Felssporns (schönes Rastplätzchen) biegt unser schmaler Wanderpfad nach links ab und folgt dem felsgekrönten Höhenkamm. Nach 15 Minuten ab Rastplatz ist das *Friedenskreuz* erreicht. Hier bietet sich eine umfassende Rundsicht über die Felsen- und Burgenlandschaft des Grenzlandes. Wir folgen weiter unserem Wanderpfad und kommen nach 10 Minuten zum Bergsattel unterhalb des Maimont-Hauptgipfels. Der kurze Anstieg mit der rot-weiß-roten Markierung des Vogesenclubs führt in wenigen Minuten hinauf zur erwähnten Opferschale. Wer die erwähnte Variante nicht vorzieht, kehrt zum Bergsattel zurück und folgt den Wegweisern zur *Ruine Blumenstein.* Die rot-gelbe Markierung leitet weiter zum Blumensteiner Hals, wo sich gut bezeichnete Abstecher zum Wasigenstein oder nach Wengelsbach anbieten. Unser rot-gelber Strich führt jedoch um den Dachsberg ins Tal des Wengelsbachs hinab und weiter nach *Schönau.*

Hier folgen wir kurz der Gebüger Straße, bis nach rechts das Sträßchen »Am Zundelfelsen« abzweigt, wo wir auch die Markierung grüner Strich entdecken.

Der Wanderweg verläßt bald den Talweg nach links, steigt noch einmal an und bringt uns in schöner Waldwanderung nach *Petersbächel* zurück.

8 Der erste deutsche Weinlehrpfad in Schweigen-Rechtenbach

Das Deutsche Weintor in Schweigen gleicht wohl eher einer Trutzburg als einem einladenden Tor, aber es entstand im Jahre 1936, als gelegentlich protziger Pomp mit gutem Stil verwechselt wurde. Lange stand das Weintor dann auch als Bollwerk zwischen den deutsch-französischen Kriegslinien, ehe es in unserer Zeit zum verbindenden Durchgang ins benachbarte Elsaß und zum reizvollen Städtchen Weißenburg wurde.

Am Deutschen Weintor beginnt die vielbesungene und noch mehr befahrene Deutsche Weinstraße, aber auch der erste deutsche Weinlehrpfad ist hier entstanden.

»Einmal, irgendwo und irgendwann, wird jeder Mensch, zumindest im europäischen Raum, mit dem Wein konfrontiert.«

Mit diesen Worten beginnt eine lesenswerte Broschüre von Philipp Cuntz, dem inzwischen verstorbenen Vater des Weinpfades, der es so großartig verstand, über den Wein zu erzählen und zu philosophieren, ohne daß sich dies zu einer belehrenden Nachhilfestunde im Weinberg auswuchs.

Ein Rundgang über den ersten deutschen Weinlehrpfad ist immer eine interessante und auch amüsante Konfrontation mit dem edlen Traubenblut. Da werden alte Geräte, Werkzeuge und Arbeitstechniken den modernen Produktionsmethoden gegenübergestellt, und da bekommen bekannte Namen von Sorten und Lagen – auf Flaschenetiketten oft gelesen – auf einmal einen anschaulichen Hintergrund. Im Ehrenhain des Weinbaus schauen die Köpfe würdiger Herren, allesamt Schöpfer berühmter Rebenzüchtungen, aus fast verklärter Höhe auf Wanderer – und Konsumenten – herab. Aber auch der Humor kommt bei dem Spaziergang durch die Geschichte des Weinbaus nicht zu kurz. Wo wurde jemals einem existenzbedrohenden Schädling ein Denkmal gesetzt? Das Reblausdenkmal – es ist entsprechend launig ausgefallen!

Natürlich darf am ersten deutschen Weinlehrpfad auch der Probierstand nicht fehlen. An schönen Ausflugstagen wird hier dafür gesorgt, daß der Pfälzer Wein an Ort und Stelle mit allen Sinnen erfaßt werden kann. Bei allem Informieren und Probieren sei aber die liebliche Landschaft nicht vergessen, in die der Weinlehrpfad eingebettet ist. Die herrliche Aussicht reicht hinüber ins Elsaß, zu den dunklen Bergen des Schwarzwaldes und natürlich über das weite Rebenmeer der Pfalz bis in die Rheinebene bei Speyer.

Der erste deutsche Weinlehrpfad ist mit Wegweisern markiert und als Rundweg angelegt. Der bequeme Weg nimmt eine gute

Das Deutsche Weintor ist der Beginn der Deutschen Weinstraße, der »Straße der Glückseligkeit« (© Ulrich Schnabel)

Stunde in Anspruch und bietet sich damit auch für Spaziergänger an, die sich keine längeren Wanderungen zumuten können. Parkgelegenheiten finden sich direkt beim Deutschen Weintor. In fünf Gehminuten durch die Längel- und Bergstraße ist der Ausgangspunkt des Weinlehrpfades bequem zu erreichen.

9 Von Kandel durch den Bienwald zur Bienwaldmühle

Verkehrsmöglichkeiten Keine Verbindung mit öffentlichen Verkehrsmitteln zwischen Kandel und Bienwaldmühle. Die Tour kann jedoch bis Kapsweyer fortgesetzt werden (1 Wanderstunde zusätzlich), ab dort Bus- und Bahnverbindungen nach Kandel.
Parkmöglichkeiten Beim Bahnhof oder beim Naturfreundehaus.
Wegmarkierungen Grüner Strich, ab Naturfreundehaus Rundweg »N« bis Einmündung in grüne Strichmarkierung.
Tourenlänge 17 km ab Bahnhof, 14 km ab Naturfreundehaus.
Wanderzeit 3½ oder 4½ Stunden.
Höhenunterschiede Keine nennenswerte Steigung.
Wanderkarte Topographische Karte 1:50 000 Wandern und Radwandern in der Südpfalz.
Wissenswertes In der Südostpfalz und etwas im »Verkehrsschatten« liegt der Bienwald. Ein ideales Gebiet für Radfahrer und Wanderer ohne Ehrgeiz, hohe Berge zu bewältigen. Auch Beeren- und Pilzsammler kommen hier auf ihre Kosten.
Anmerkung Die alte Wegführung folgte der Straße in Richtung Neuburg bis zum Gehöft Langenberg. Angenehmer ist der Weg über das Naturfreundehaus, der nachfolgend beschrieben und empfohlen wird.

Tourenbeschreibung Vom Bahnhof Kandel aus folgen wir für 100 Meter der Georg-Todt-Straße nach links, biegen dann links ab (Beethovenstraße), um nach 200 Metern nach rechts in die Jahnstraße einzumünden. Am Bienwaldstadion vorbei folgen wir den Wegweisern zum Naturfreundehaus, das nach 3 Kilometern durch den Schützenhauswald erreicht ist.

Ab Naturfreundehaus folgen wir dem Rundweg »N« nach links in südlicher Richtung und biegen nach 1400 Metern halbrechts in die Bachallee ein. Nach Queren der Fahrstraße in Richtung Schaidt sind es noch 800 Meter, dann übernimmt die grüne Strichmarkierung die weitere Führung.

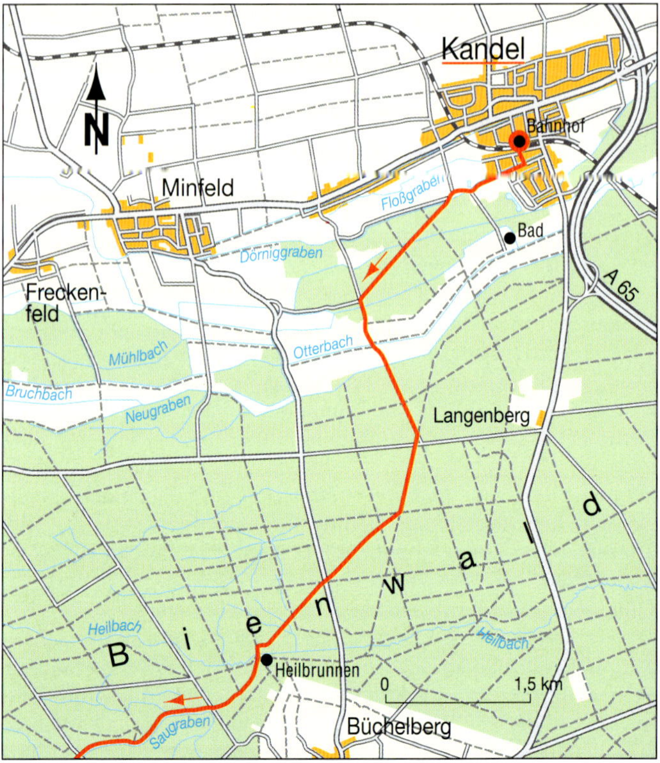
Kandel
Bahnhof
Minfeld
Floßgraben
Bad
Dörniggraben
Frecken-
feld
A 65
Otterbach
Mühlbach
Bruchbach
Neugraben
Langenberg
B i e n w a l d
Heilbach
Heilbach
Heilbrunnen
0
1,5 km
Saugraben
Büchelberg

Staatsforst
Kaisereiche
Aschbach
Weißes
Kreuz
Brandhütte
Hütte
Schaidt
Saugraben
Eichelgarten
Bienwald-
mühle
P
Heßbach
0
1,5 km
Lauter
Forsthaus
Salmbacher-Passage

Kandel, St.-Georg-Turm (© Heinz R. Wittner)

Der Weiterweg braucht nicht weiter beschrieben zu werden. Er führt durch das stille Kernstück des Bienwaldes mit seinen herrlichen Baumbeständen und mündet schließlich bei der direkt an der deutsch-französischen Grenze gelegenen *Bienwaldmühle* aus. Die Wanderung kann auch auf gleich bezeichnetem Weg bis Kapsweyer fortgesetzt werden und verlängert sich dadurch um eine Wanderstunde. Ab dort bestehen Bahn- oder Busverbindungen nach Kandel.

10 Vom St. Germanshof über die Hohe Derst zum Steinernen Tisch und zur Ruine Guttenberg

Verkehrsmöglichkeiten Der Ausgangspunkt ist mit öffentlichen Verkehrsmöglichkeiten nicht günstig zu erreichen. Anfahrt mit Pkw über Bad Bergzabern – Reisdorf oder mit zweimaligem Überschreiten der deutsch-französischen Grenze über Schweigen – Weißenburg.
Parkmöglichkeiten Beim Gasthof St. Germanshof.
Wegmarkierungen Weißes Dreieck und gelbe Wegweiser in Richtung Bad Bergzabern bis Hohe Derst, blaues Kreuz bis Schloßbrunnen am Fuße der Burgruine Guttenberg und zum St. Germanshof.
Tourenlänge 18 Kilometer. **Wanderzeit** 5 Stunden.
Höhenunterschiede Insgesamt etwa 450 Höhenmeter, anhaltender Aufstieg zwischen St. Germanshof (169 m) und Hohe Derst (560 m).
Wanderkarte 1:25 000 Bad Bergzabern mit elsässischem Grenzgebiet.
Wissenswertes St. German war im Mittelalter ein Benediktinerpriorat, zuvor stand hier die Burg St. German, erbaut im Jahr 1055. Die Burg Guttenberg, eine der höchstgelegenen Ruinen des Pfälzerwaldes, wurde bereits im Jahre 1150 als Reichsburg erwähnt. Die sehr still gelegene Ruine beherrscht einen Bergkegel, Reste der Vorburg und des Burgfrieds sind noch vorhanden. Der Mundatwald, das ausgedehnte Waldgebiet südlich und westlich der Guttenberg, stand bis 1983 unter »vorläufiger« französischer Verwaltung. Das Waldgebiet wurde nach 1945 vom deutschen Staatsgebiet abgetrennt, um die Wasserversorgung der nahen elsässischen Stadt Weißenburg (Wissembourg) zu sichern. Der Wanderer befand sich also – streng genommen – im Ausland. Die alten Schmugglerpfade aber sind längst verwachsen, niemand betreibt noch die legendäre Böhämmerjagd, und es ist still geworden in dieser abgelegenen Ecke des Grenzlandes.
Anmerkung Beim St. Germanshof bietet eine Informationstafel Rundwanderwege zwischen 1,8 und 7,5 km Länge an.

Tourenbeschreibung Die Rundwanderung beginnt direkt beim St. Germanshof auf der gegenüberliegenden Straßenseite. Eine Wegmarkierung mit weißem Dreieck führt in 15 Minuten hinauf zur *Schönen Aussicht* (Rastbank). Auf fast ebenem Weiterweg überschreiten wir beim *Viztumbrückchen* die Fahrstraße und steigen in weitem Bogen zu einer auffallenden Wegspinne an

(1¼ Stunden seit St. Germanshof). In spitzer Kehre führt der Weg weiter bergan. 30 Minuten später ist das *Dersthaus* erreicht. Allerdings darf der Wanderer hier nicht eine der zahlreichen Einkehrmöglichkeiten erwarten, die der Pfälzerwald sonst überall zu bieten hat. Das Dersthaus verdient seinen Namen nicht so ganz, denn es handelt sich nur um ein kleines Schutzhüttchen mit einer Feuerstelle. Nach weiteren 20 Gehminuten öffnet sich vor uns die Hochfläche der *Hohen Derst*, der höchsten Erhebung im Umkreis von Bad Bergzabern. Am Ende der Hochfläche lohnt sich der ganz kurze Abstecher zum Naturdenkmal *Steinerner Tisch* (örtliche Wegweiser).

Unser Weiterweg (blaues Kreuz) verläßt die Hohe Derst als schmaler Fußpfad, der talwärts zieht. Nach fünf Gehminuten gabelt sich der Wanderweg. Wir folgen der Markierung und erreichen bald die siebenfache Wegspinne am *Schloßbrunnen*, direkt am Fuße der Burgruine Guttenberg. Der Abstecher nimmt nur wenige Minuten in Anspruch und sollte nicht ausgelassen werden. Vom Schloßbrunnen aus übernimmt wieder die Markierung blaues Kreuz die Führung bis zum Ausgangspunkt der Wanderung beim St. Germanshof.

11 Von Wissembourg (Weißenburg) im Elsaß zum Col du Pigeonnier

Verkehrsmöglichkeiten Wissembourg (Weißenburg) ist Endstation der französischen Staatsbahn. Von deutscher Seite bestehen günstige Verbindungen zum Karlsruher Verkehrsverbund und mit dem Rheinland-Pfalz-Takt mit günstigen Wochenendangeboten. Auskünfte erteilt die Deutsche Bahn AG.
Parkmöglichkeiten Direkt beim Bahnhof Wissembourg.
Wegmarkierungen Roter Strich oder grüner Punkt zum Col du Pigeonnier, grünes Dreieck ab Paßhöhe zum Eselsberg, gelber Strich ab Paßhöhe über Weiler nach Wissembourg.

 Weißenburg (Wissembourg) (© Ulrich Schnabel)

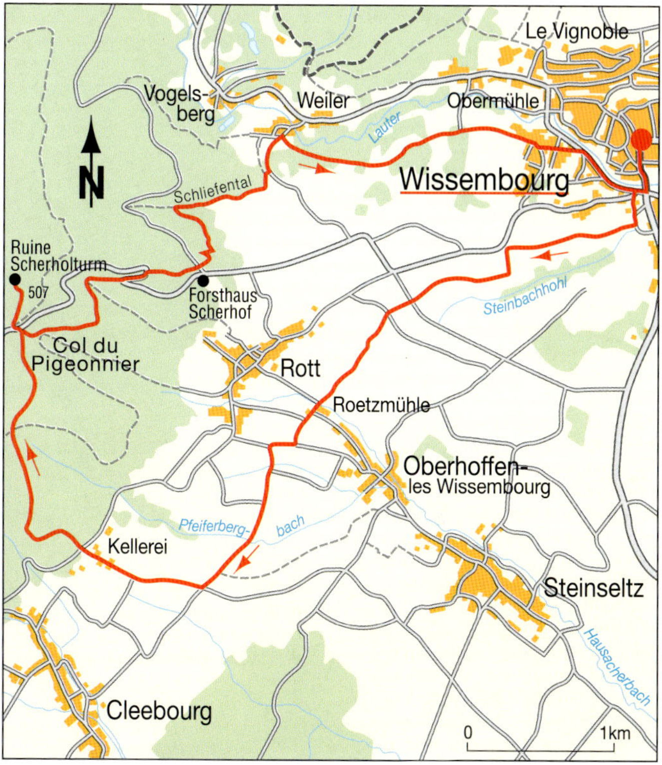

Tourenlänge 14 oder 16 Kilometer.
Wanderzeit 3½ oder 4 Stunden.
Höhenunterschiede Insgesamt etwa 350 Höhenmeter, kräftiger Anstieg zum Col du Pigeonnier.
Wanderkarte 1:25 000 Bad Bergzabern und elsässisches Grenzgebiet.
Wissenwertes Wissembourg, die malerische Grenzstadt an der Lauter, ist immer einen Besuch wert. Die Abteikirche St. Peter und Paul mit dem Kreuzgang beherrscht das Stadtbild. Zahlreich sind auch die Einkehr- und Einkaufsmöglichkeiten.

Tourenbeschreibung Direkt beim Bahnhof in Wissembourg zeigt ein Wegweiser des Vogesenclubs den kürzesten Weg zum Col du Pigeonnier an (roter Strich, 1 h 45 min). Dieser Weg folgt kurz der Straße in Richtung Lembach und wählt dann den direkten Anstieg.

 Weißenburg (Wissembourg) – Klein Venedig (© Heinz R. Wittner)

Reizvoller ist jedoch der mit grünem Punkt bezeichnete Weg, der am Haupteingang zum Friedhof beginnt (Wegweiser Cimetiere in Höhe des Kreisverkehrs).

Der Weg steigt über freies Feld allmählich an und bietet eine schöne Sicht. Wir passieren das Gehöft *Roetzmühl*, wenden uns auf dem Fahrsträßchen kurz nach rechts und wenden uns gleich wieder nach links (Markierung an Birnbaum). Durch einen flachen Talgrund geht es zum Wolfshag (227 m). Am Waldrand beginnt dann der kräftige Anstieg, der beim Parkplatz auf dem Col du Pigeonnier ausmündet. Von der Paßhöhe aus lohnt sich der kurze Anstieg zum Eselsberg (479 m), wo sich eine herrliche Aussicht bietet (5 Minuten Anstieg mit dem grünen Dreieck in

Malerische Altstadt von Weißenburg (Wissembourg) (© Heinz R. Wittner)

Richtung Pfaffenschlick). Auf der gegenüberliegenden Straßenseite finden wir die Fortsetzung unseres Weges (gelber Strich, Weiler 1 h). Auf der Paßhöhe steht ein Wanderheim des Vogesenclubs. Der Anstieg zum Scherhol lohnt nicht, da keine Aussicht besteht. Der Abstieg auf ruhigen Waldwegen führt zurück ins Lautertal bei Weiler. Schon beim ersten Gehöft zeigt die blaue Kreuzmarkierung nach rechts in Richtung Weißenburg. Es ist aber auch möglich, mit dem gelben Strich zum Talgrund und entlang der Lauter zum Ausgangspunkt zu kommen.

12 Von Dörrenbach über den Stäffelsberg zur Burgruine Guttenberg

Verkehrsmöglichkeiten Dörrenbach liegt zwischen Bad Bergzabern und Schweigen am Weintor, Busverbindungen in beide Richtungen. Beschilderte Zufahrt ab Deutsche Weinstraße, drei Kilometer südlich von Bad Bergzabern.
Parkmöglichkeiten Im Oberdorf an der Brunnenstraße.
Wegmarkierungen Grünes Dreieck und »15« bis Stäffelsberg, grünes und weißes Dreieck ab Aussichtsturm bis Wanderparkplatz Drei Eichen, Wegweiser zur Ruine Guttenberg, gelb-grüner Strich bis Oberotterbach, Weintraube bis Dörrenbach.
Tourenlänge 15 Kilometer. **Wanderzeit** 4 Stunden.
Höhenunterschiede Insgesamt etwa 380 Höhenmeter, verteilt auf leichte angenehme Anstiege.
Wanderkarte 1:25 000 Bad Bergzabern mit elsäss. Grenzgebiet.
Wissenswertes *Dörrenbach*, das »Dornröschen der Pfalz«, konnte im Jahre 1992 sein tausendjähriges Bestehen feiern. Besondere Schmuckstücke des schönen Ortsbildes sind das Renaissance-Rathaus aus dem Jahre 1590, das als schönstes Fachwerkhaus der Pfalz gilt und der Wehrfriedhof aus dem Jahre 1304 mit Kirche, Mauern und Wehrtürmen. – Der Aussichtsturm auf dem *Stäffelsberg* bietet eine großartige Rundsicht. Er wurde am Kriegsende gesprengt und 1964 neu errichtet. Der Turm ist ständig geöffnet. – *Burgruine Guttenberg* siehe Tour 15.
Anmerkung Die lohnende Rundwanderung hat den Vorteil, daß sich zahlreiche Abkürzungen oder Erweiterungen anbieten, die alle gut bezeichnet sind. So kann die Strecke z. B. ab Schloßbrunnen (am Fuße der Burgruine Guttenberg) über Schweigen am Weintor oder Rechtenbach ausgedehnt werden. Der Wanderparkplatz Drei Eichen kann auch über Böllenborn mit dem Pkw angefahren werden.

Tourenbeschreibung Die Rundwanderung beginnt beim wehrhaften Friedhof in *Dörrenbach*. Es geht gleich steil bergan (Schulstraße). Gleich nach Waldeintritt geht es nach rechts durch den Kastanienwald zur Wallfahrtskapelle auf dem Kolmerberg. Nach 15 Minuten seit der Kapelle erreichen wir den Wasserhochbehälter *Am Bild*, hier beginnt der kurze Anstieg zum *Stäffelsbergturm* (481 m). Zwar ist der Turm mit Spiegeln und Antennen »verziert«, aber die Rundsicht (Panoramatafel) von der Turmkrone ist überwältigend. Direkt am Turm vorbei führt nun ein schöner Waldpfad (grünes und weißes Dreieck) zu einer Kiefernschonung, die wir auf stark verwachsenem Pfad durchqueren.

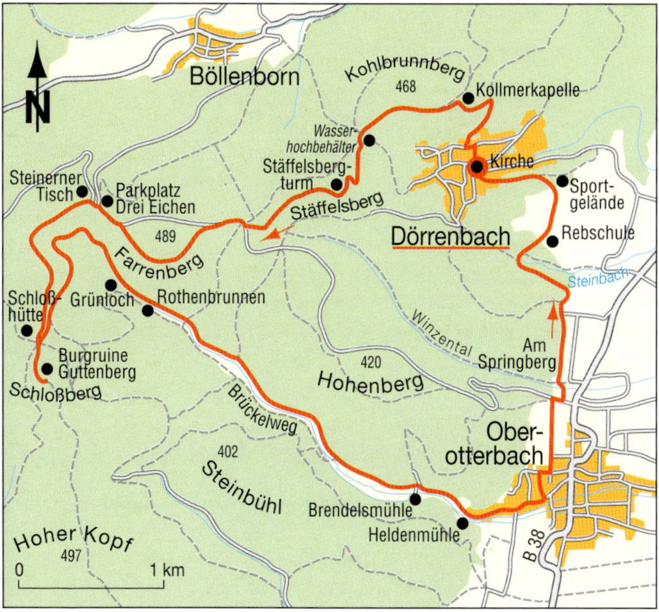

Dann zeigt ein örtlicher Wegweiser nach links in Richtung Oberotterbach (Abkürzungsmöglichkeit). Wir wenden uns jedoch nach rechts und kommen über den Rundweg Farrenberg (420 m) zum *Wanderparkplatz Drei Eichen*. Zahlreiche Wegweiser geleiten weiter zur *Schloßhütte* (Wegspinne am Fuße der Ruine Guttenberg, in der Karte als Schloßbrunnen bezeichnet). Der kurze Abstecher zum verschwiegenen Felsennest der Guttenberg ist durchaus lohnend.

Der Weg nach Oberotterbach folgt ab Schloßhütte einem schönen Waldtal und mündet im Dorf in den Wanderweg Deutsche Weinstraße ein, der in Schweigen am Weintor beginnt und entlang der Haardt bis Bockenheim führt. Wir folgen der Traubenmarkierung nach links (Handwerkgasse). Das letzte Wegstück bis Dörrenbach kann noch etwas schweißtreibend werden, denn der Weinpfad steigt noch einmal kurz an und führt durch schattenlose Rebfelder, bis er am Sportgelände vorbei nach Dörrenbach hineinführt.

13 Von Bad Bergzabern zum Holderbild und zur Silzerlinde

Verkehrsmöglichkeiten Gute Bahn- und Busverbindungen nach Bad Bergzabern aus allen Richtungen.

Parkmöglichkeiten Beim Thermalbad oder Parkplatz am Wonneberg, Zufahrt durch die Kurtalstraße am Ortsausgang in Richtung Dahn, dann Kneippstraße.

Wegmarkierungen Weißer Strich mit schwarzem Punkt bis Karlsplatz, weiß-blauer Strich bis Silzerlinde, blaues Kreuz bis Bad Bergzabern.

Tourenlänge 15 Kilometer.

Wanderzeit 4 Stunden.

Höhenunterschiede Insgesamt etwa 280 Höhenmeter, Anstieg zu Beginn der Rundwanderung.

Wanderkarte 1:25 000 Bad Bergzabern mit elsässischem Grenzgebiet.

Wissenswertes »Hätte ich es nicht in Wörishofen begonnen, hier hätte ich es tun müssen.«

Dieses geflügelte Wort von Sebastian Kneipp aus dem Jahre 1896 hört man gerne in *Bad Bergzabern*, das sich auch ohne die direkte Starthilfe durch den Wasserdoktor zum Staatsbad entwickeln konnte. Fußgängerzone im alten Stadtkern, Heimatmuseum im »Engel«, Thermalbad mit Außenbecken, Aussichtsturm am Liebfrauenberg über der Stadt.

 Kloster Liebfrauenberg bei Bad Bergzabern (© Heinz R. Wittner)

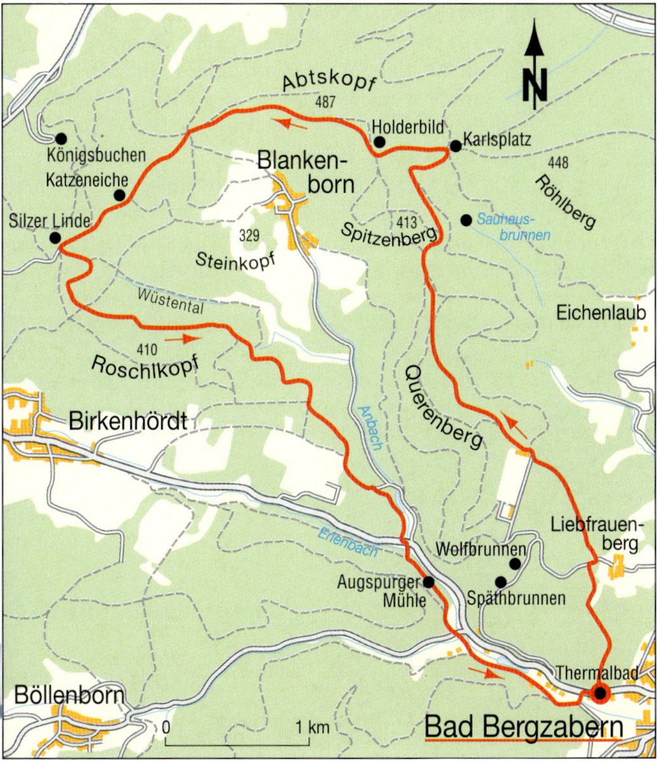

Tourenbeschreibung Vom Thermalbad aus folgen wir kurz der stark befahrenen Straße in Richtung Dahn (Kurtalstraße), biegen dann nach rechts in den Hörnchenweg ab und steigen in dessen Verlängerung gleich steil bergan. Der gut bezeichnete Weg zieht bald über ein Brückchen nach rechts und steigt weiter kräftig an. Nach 15 Minuten zeigt eine Tafel und die Rundwegmarkierung »2« den kurzen Abstecher zum Aussichtsturm an. Es ist sehr lohnend, die 154 Stufen der kühnen Holzkonstruktion zu bewältigen.

Nach einer halben Wegstunde taucht plötzlich eine mächtige Backsteinmauer vor uns auf. Sie bildet den Kugelfang der Standortschießanlage. Im Schutze dieser Mauer steigen wir weiter an. Später führt der fast ebene Höhenweg über den Kuhnekopf (Rastplatz) weiter zum *Karlsplatz*, wo 10 Wege zusammenlaufen. Eine große Schutzhütte des Pfälzerwald-Vereins bietet hier Unterschlupf (nur bei örtlichen Festen bewirtschaftet). Im spitzen

Winkel zurück führt die weiß-blaue Strichmarkierung auf schönem Höhenweg zur *Silzerlinde* (Schutzhütte). Hier bieten sich wieder bezeichnete Abstiege nach Blankenborn, Silz, Bad Bergzabern und Birkenhördt an. Wir folgen der Markierung blaues Kreuz, der Pfad zieht durch einen Hohlweg steil hinab und führt zur stark befahrenen B 427.

Wir queren die Fahrstraße (Markierung gegenüber an eisernem Geländer), erreichen den Waldrand und überschreiten den Erlenbach. Durch die großzügigen Kuranlagen und am Schwanenweiher entlang wandern wir zum Parkplatz zurück.

Bad Bergzabern, das herzogliche Schloss (© Heinz R. Wittner)

Bad Bergzabern, Kurgarten (© Bernd Kottal)

14 Entdeckungsroute »Landschaft über Grenzen«

Die 50 Kilometer lange deutsch-französische Grenze zwischen den Naturparks Pfälzerwald und Nordvogesen sind längst keine trennende Linie mehr. In grenzüberschreitender Zusammenarbeit und mit Unterstützung der UNESCO wird ein Biosphärenreservat entwickelt, das dem Schutz der vielfältigen Tier- und Pflanzenwelt dienen soll. Dabei ist nicht daran gedacht, den Wanderer auszusperren. Aber er soll lernen, die Natur zu achten und sich »spurlos« darin zu bewegen.

Das Vorhaben zeigt erste Ergebnisse in gemeinsam angelegten Rundwegen unter dem Titel »Landschaft über Grenzen«:
ab Ludwigswinkel (Markierung gelber Kreis, 10 Kilometer)
ab Obersteinbach (Markierung blauer Kreis, 12 Kilometer)
ab Stürzelbronn (Markierung roter Kreis, 10 Kilometer)
Ein weiterer Rundweg (Markierung grüner Kreis, 23 Kilometer) berührt alle drei genannten Orte.

Mannshohe Sandsteinblöcke, mit einem kreisrunden Guckloch versehen, zeigen den Durchblick auf besondere Eigenschaften dieser Landschaft mit entsprechender Erklärung.

Die Wanderung Nr. 5 aus diesem Führer bindet Teile dieser Rundwege ein. Ein aufschlußreiches Faltblatt mit Informationen über das entstehende Biosphärenreservat wird bei den Fremdenverkehrsämtern der Region kostenlos angeboten.

Das Biosphärenhaus Pfälzerwald/Nordvogesen in Fischbach bei Dahn wurde im Jahre 2000 eröffnet. Ein breites Spektrum an Themen und Aktivitäten lädt dazu ein, die Natur zu erkunden und viel Neues zu entdecken (siehe Tour 53).

15 Von Bad Bergzabern auf den Stäffelsberg

Verkehrsmöglichkeiten Zahlreiche Bahn- und Busverbindungen nach Bad Bergzabern.
Parkmöglichkeiten Parkplatz Wonneberg, Zufahrt durch die Kurtalstraße am Ortsausgang in Richtung Dahn, Kneippstraße.
Wegmarkierungen Weißer Strich mit schwarzem Punkt bis Am Bild (Sattel unterhalb des Stäffelsberges), ab dort zahlreiche Wegweiser zum Aussichtsturm, gleicher Rückweg bis Am Bild, mit weißem Dreieck (später auch blaues Kreuz) zurück nach Bad Bergzabern.
Tourenlänge 8 Kilometer. **Wanderzeit** 2½ Stunden.
Höhenunterschiede Insgesamt etwa 280 Höhenmeter, direkter Anstieg zwischen Bad Bergzabern und Stäffelsberg.
Wanderkarten 1:25 000 Bad Bergzabern mit elsässischem Grenzgebiet.

 Bad Bergzabern, der Schwanenweiher im Kurtal (© Heinz R. Wittner)

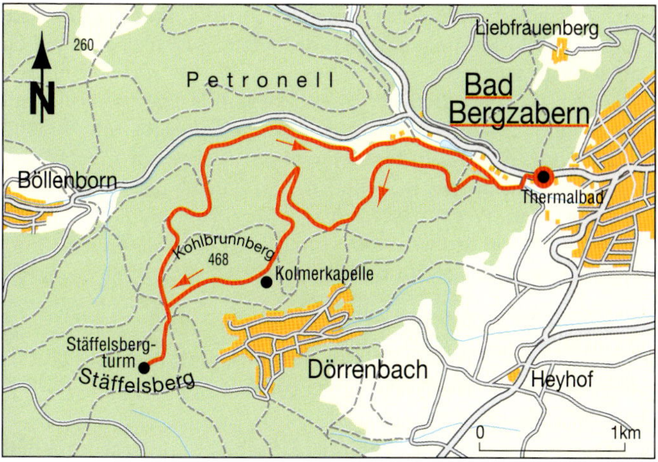

Wissenswertes *Bad Bergzabern* siehe Tour 13. – Die *Kolmerkapelle* ist die Nachfolgerin einer uralten Wallfahrtskirche. Die heutige Kapelle am Kohlbrunnberg wurde 1718 errichtet und in den letzten Jahren renoviert. Die Geschichte erzählt von einem Eremiten, der hier in der Einsamkeit lebte und einst das Gelübde ablegte, nie wieder Wein zu trinken, wenn er nur wieder genesen würde. Er wurde wieder gesund, konnte aber den Verlockungen des Pfälzer Weins nicht widerstehen und fand einen Ausweg: Er aß ihn fortan – mit dem Löffel.

Der Aussichtsturm auf dem Stäffelsberg ist eine der imposantesten Warten der Pfalz. Sein Vorgänger wurde im Jahre 1945 zerstört, der neue moderne Betonturm entstand im Jahre 1964 und ist ständig geöffnet.

Tourenbeschreibung Beim Parkplatz am Wonneberg informiert eine große Tafel des Pfälzerwald-Vereins über das Netz der Wanderwege. Wir wandern an der *Kurpark-Residenz* vorbei, wo der mit weißem Strich und schwarzem Punkt markierte Weg sofort anzusteigen beginnt. Nach 30 Gehminuten wird der Weg in Höhe einer Sitzbank wieder eben. 500 Meter danach ist genau auf die Wegmarkierung zu achten, denn der Wanderpfad verläßt den Hauptweg nach links und führt nach einer spitzen Kehre zur *Kolmerkapelle* über dem Weindorf Dörrenbach. Der stimmungsvolle Platz bietet schöne Rastmöglichkeiten.

Auf dem Weiterweg erscheint bald links vor uns das Tagesziel, der Aussichtsturm auf dem Stäffelsberg. Beim Wasserwerk *Am Bild* laufen mehrere Wanderwege zusammen. Wir werden nach dem Abstecher zum Turm hierher zurückkehren. Zahlreiche Pfade und Markierungen zeigen das letzte Wegstück zum nahen Aussichtsturm.

Der Abstieg nach Bad Bergzabern beginnt wieder Am Bild und ist mit einem weißen Dreieck gut bezeichnet. Der sehr schöne Pfad mündet später in einen breiten Waldweg ein (Wegweiser nach Dörrenbach und Böllenborn). Ab hier ist das blaue Kreuz die deutlichere Wegmarkierung. Der Weg zieht allmählich hinab auf den Talgrund, wo wir beim Hotel Seeblick das gepflegte Netz der Promenadenwege um Bad Bergzabern betreten.

16 Von Bad Bergzabern zum Karlsplatz und über den Wanderweg Deutsche Weinstraße zurück

Verkehrsmöglichkeiten Zahlreiche Bahn- und Busverbindungen nach Bad Bergzabern.
Parkmöglichkeiten Beim Thermalbad oder Parkplatz am Wonneberg, Zufahrt durch die Kurtalstraße am Ortsausgang in Richtung Dahn, Kneippstraße.
Wegmarkierungen Weißer Strich mit schwarzem Punkt bis Karlsplatz, verschiedene örtlich gut bezeichnete Abstiegsmöglichkeiten zum Wanderweg Deutsche Weinstraße, mit der Traubenmarkierung nach Bad Bergzabern.
Tourenlänge 13 Kilometer. **Wanderzeit** 3½ Stunden.

Winzergasse in Gleiszellen (© Heinz R. Wittner)

Höhenunterschiede Insgesamt etwa 350 Höhenmeter, Anstieg zwischen Bad Bergzabern und Karlsplatz.
Wanderkarten 1:25 000 Bad Bergzabern mit elsässischem Grenzgebiet.
Wissenswertes *Bad Bergzabern* siehe Tour 13.

Tourenbeschreibung Vom Thermalbad aus folgen wir kurz der stark befahrenen Straße in Richtung Dahn (Kurtalstraße), biegen nach rechts in den Hörnchenweg ab und steigen in dessen Verlängerung gleich steil bergan. Der gut bezeichnete Weg zieht bald über ein Brückchen nach rechts und steigt weiter kräftig an. Nach 15 Minuten zeigt eine Tafel und die Rundwegmarkierung »2« den kurzen Abstecher zum Aussichtsturm an. Es ist sehr lohnend, die 154 Stufen der kühnen Holzkonstruktion zu bewältigen. Nach einer halben Wegstunde taucht plötzlich eine mächtige Backsteinmauer vor uns auf. Sie bildet den Kugelfang der Standortschießanlage. Im Schutze dieser Mauer steigen wir weiter an. Später führt der fast ebene Höhenweg über den Kuhnenkopf (Rastplatz) weiter zum *Karlsplatz*, wo 10 Wege zusammenlaufen. (Unterwegs bieten sich bereits mehrere gut bezeichnete Abstiege nach Pleisweiler oder Oberhofen an, die den Rundweg abkürzen können.) Eine große Schutzhütte des Pfälzerwald-Vereins bietet am Karlsplatz Unterschlupf (nur bei örtlichen Festen bewirtschaftet).

Empfehlenswert und lückenlos markiert ist der Abstieg mit dem weiß-blauen Strich nach *Gleiszellen*. Er zieht durch einen Wald von Edelkastanien hinab und mündet schließlich in den Wanderweg Deutsche Weinstraße ein (Traubenmarkierung). Die Winzergasse in Gleiszellen ist eine der schönsten Dorfstraßen der Pfalz. Der Wanderweg führt über die alte St. Dionysius-Kirche nach Gleishorbach und durch die Schlemmergasse hinauf zum Randweg zwischen Wald und Reben mit weiter Sicht über die Rheinebene. Noch einmal folgt ein An- und Abstieg am Ortsrand von Pleisweiler. Dieses letzte Wegstück bis *Bad Bergzabern* zieht sich hin, denn der Wanderweg Deutsche Weinstraße buckelt und winkelt sich durch die Weinberge, bis er endlich die Kurtalstraße im Kurstädtchen erreicht.

17 Von Birkenhördt zum Wasserlehrpfad Erlenbach und zur Birkenhördter Linde

Verkehrsmöglichkeiten Birkenhördt liegt dicht bei Bad Bergzabern an der B 427 in Richtung Dahn.

Parkmöglichkeiten Am Ortsausgang von Birkenhördt in Richtung Bad Bergzabern.

Wegmarkierungen Gelber Strich bis zur Straße in Richtung Böllenborn, rote Raute bis Birkenhördter Linde, gelb-blauer Strich bis B 427 und gelber Strich nach Birkenhördt.

Tourenlänge 12 Kilometer.

Wanderzeit 3 Stunden.

Höhenunterschiede Insgesamt etwa 200 Höhenmeter, Anstieg über den Waldlehrpfad ab Parkplatz Böllenborner Straße.

Wanderkarte 1:25 000 Bad Bergzabern mit elsässischem Grenzgebiet.

Anmerkung Die Wanderung folgt auf den ersten 2,5 Kilometern dem im Jahre 1998 eingeweihten Wasserlehrpfad entlang des Erlenbaches. Zahlreiche Tafeln erzählen auf unterhaltsame Weise vom Leben in und an einem natürlichen Wasserlauf.

Blick von der Friedenskapelle auf Birkenhördt (© Heinz R. Wittner)

Die Wanderung kann auch beim Kurgebiet Bad Bergzabern gestartet werden. Ausgangspunkt ist dann der Parkplatz am Beginn der Böllenborner Straße.

Tourenbeschreibung Der Wasserlehrpfad beginnt direkt beim Parkplatz und unserer Wanderweg verläuft als stellenweise schmaler Pfad entlang des Talgrundes bis zum Parkplatz an der Böllenborner Straße. Hier beginnt der Waldlehrpfad Bad Berg-

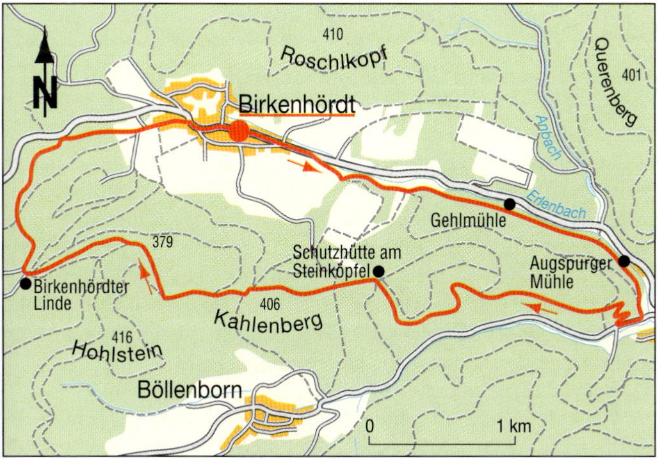

zabern (Neuanlage 1999), dem wir zunächst in recht steilem Anstieg folgen. Wir folgen jedoch stets der roten Raute (Bezeichnung Höhenweg), verlassen den Waldlehrpfad und bleiben auf fast gleichbleibender Höhe.

Nach einer guten Wegstunde bietet sich ein direkter Abstieg nach rechts an (Wegweiser Birkenhördt 20 Minuten). Der Höhenweg führt weiter zur *Birkenhördter Linde* (Schutzhütte, Rastplatz). Ein kurzes Stück folgen wir dem Fahrsträßchen nach rechts, das in entgegengesetzter Richtung zum Hirzeckhaus des Pfälzerwaldvereins führt und nur wenig befahren wird. Direkt vor der Einmündung in die Bundesstraße führt unser letztes Wegstück als schmaler Fußpfad nach rechts und zieht mit der Markierung gelber Strich nach *Birkenhördt* hinab.

18 Der Geologische Lehrpfad um die Fladensteine bei Bundenthal

Verkehrsmöglichkeiten Bundenthal liegt etwa 8 Kilometer südlich von Dahn, Zufahrt ab B 427 über Erlenbach – Niederschlettenbach oder Dahn – Reichenbach. Busverbindungen in Richtung Dahn.
Parkmöglichkeiten In Höhe der Kirche steil durch das Dorf bergan auf schmalem Sträßchen zum Parkplatz beim Sportgelände (Brauner Wegweiser Sportplatz – Jüngstberg).
Wegmarkierungen Örtliche Wegnummern »1« und »2«.
Tourenlänge 3 Kilometer.
Wanderzeit Reine Gehzeit eine knappe Stunde, die interessanten Tafeln entlang des Lehrpfades dehnen den Rundgang leicht auf zwei Stunden aus.
Höhenunterschiede Insgesamt etwa 50 Höhenmeter.
Wanderkarte 1:25 000 Dahn und Umgebung mit elsässischem Grenzgebiet.
Wissenswertes Die sieben versteinerten Brüder der Fladensteine waren Pfalzkennern und Kletterfreunden schon immer als versteckte Kleinode bekannt. In einer beispielhaften Gemeinschaftsarbeit der Bundenthaler Bürger und Vereine entstand der 1993 eingeweihte Lehrpfad mit seinen sehr gründlichen Informationen über die Geologie der Pfalz und den Lebensraum Wald. Mächtige Steinbrocken aus den Brüchen der ganzen Pfalz wurden mühsam hierher gekarrt, auch die seltene Stechpalme hat hier ein kleines Schutzgebiet.

Wer kann sich heute noch vorstellen, daß hier oben ein Westwallbunker lag, in dem am Ende des Zweiten Weltkrieges mehr als hundert Menschen mit Vieh und Wagen sichere Zuflucht fanden. Eine vorbildlich gestaltete Broschüre der Gemeinde Bundenthal vertieft den Eindruck und berichtet über geologische und geschichtliche Zusammenhänge.

Tourenbeschreibung Der Rundweg ist leicht zu finden und bedarf keiner ausführlichen Beschreibung. Nahe des Wendepunktes bietet sich ein bezeichneter Anstieg zum Jüngstberg an, mit schöner Aussicht von dessen Aussichtskanzel.

19 Von Niederschlettenbach zum Hirzeckhaus und über den Berwartstein nach Erlenbach

Verkehrsmöglichkeiten Niederschlettenbach liegt südlich der Bundesstraße 427 zwischen Bad Bergzabern und Dahn, Straßenabzweigung bei Erlenbach. Busverbindungen in Richtung Bad Bergzabern und Dahn.
Parkmöglichkeiten In der Ortsmitte von Niederschlettenbach. Als Ausgangspunkt kann auch der an der Wanderstrecke liegende Wanderparkplatz Portzbach gewählt werden, er liegt 1500 Meter südöstlich des Dorfes in Richtung Bobenthal.
Wegmarkierungen Rot-gelber Strich bis Pfälzer Hütte, weißblauer Strich zum Hirzeckhaus, gelber Punkt bis unterhalb vom

Burgküche in der Burg Berwartstein (© Michael Klees)

Berwartstein, ohne Markierung zum Berwartstein und nach Erlenbach, blauer Strich bis Niederschlettenbach.

Tourenlänge 14 Kilometer.

Wanderzeit 4 Stunden.

Höhenunterschiede Etwa 320 Höhenmeter, Anstiege von der Pfälzer Hütte zum Hirzeckhaus und zur Burg Berwartstein.

Wanderkarte 1:25 000 Dahn und Umgebung mit elsässischem Grenzgebiet.

Wissenswertes Der *Berwartstein* thront als einzige wieder aufgebaute und bewohnte Burganlage der Pfalz auf einer 100 Meter hohen und nur 10 bis 15 Meter breiten Sandsteinbarre über dem Tal. Die ursprüngliche Oberburg war praktisch uneinnehmbar und nur durch einen Aufstiegsschacht über Leitern oder Strickleitern erreichbar. Der bis zur Talsohle reichende Brunnen führt bis heute Wasser. Es finden Führungen statt, eine Burggaststätte lädt zur Rast ein.

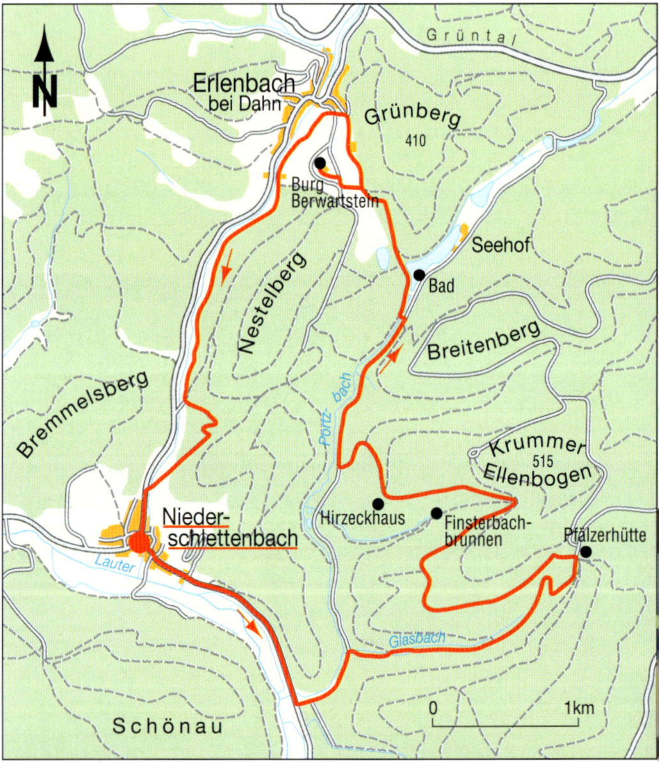

Anmerkung Ab Wanderparkplatz Portzbach ist eine Abkürzung möglich, indem man mit dem roten Punkt direkt zum Hirzeckhaus wandert.

Tourenbeschreibung Beim Friedhof am Ortsausgang von *Niederschlettenbach* können wir nach links auf die neue Wegführung ausweichen, die durch das Lautertal zum Parkplatz Portzbach führt. Die rot-gelbe Wegmarkierung folgt dem Fahrsträßchen zur *Pfälzer Hütte*, dann übernimmt der weiß-blaue Strich die Führung bis zum *Hirzeckhaus* des Pfälzerwald-Vereins.

Bei der Tafel »Seehof 35 Minuten« beginnt mit dem gelben Punkt der Abstieg zum idyllischen See, der auch Badegelegenheit bietet. Ein leichter Anstieg führt hinauf zur *Burg Berwartstein*. Nach Einkehr oder Besichtigung folgen wir für 400 Meter dem Fahrsträßchen in Richtung Erlenbach, biegen dann aber links ab (Markierung blauer Strich an Forche rechts des Weges) und folgen dem Talgrund des Erlenbachs. Auch das letzte Wegstück meidet die Fahrstraße (Holzwegweiser mit blauer Spitze) und führt durch die Wiesen wieder nach Niederschlettenbach zurück.

20 Von Erlenbach zum Drachenfels und über Busenberg – Schindhard – Bärenbrunnermühle zum Bühlhof

Verkehrsmöglichkeiten Erlenbach liegt nahe der B 427 zwischen Bad Bergzabern und Dahn, Busverbindungen in beide Richtungen.
Parkmöglichkeiten In der Ortsmitte von Erlenbach.
Wegmarkierungen Gelber Strich über Drachenfels und Busenberg bis Schindhard, gelb-roter Strich über Bärenbrunnermühle bis zum Sattel, blau-gelber Strich bis Erlenbach.
Tourenlänge 16 Kilometer.
Wanderzeit 5 Stunden, ohne Aufenthalt auf dem Drachenfels.
Höhenunterschiede Insgesamt etwa 330 Höhenmeter, kurzer Steilanstieg zwischen Bärenbrunnermühle und Bergsattel über Erlenbach.
Wanderkarte 1:25 000 Dahn mit elsässischem Grenzgebiet.
Wissenswertes Der *Drachenfels* sitzt als typische Felsenburg auf einer 150 Meter langen Felsmauer und zeigt von jeder Seite ein anderes Gesicht. So hat ihm der Volksmund den Namen »hohler Backenzahn« gegeben. Die Gänge, Kammern und Treppen, alle mühsam aus dem Sand gehauen, sind interessante Objekte der Burgenbaukunst des Mittelalters. Der Drachenfels wurde schon

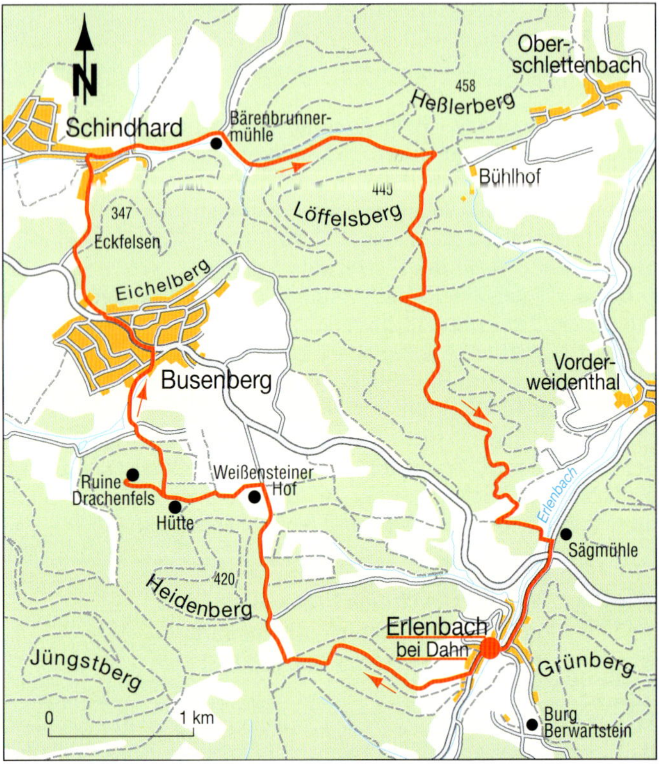

im Jahre 1209 als Reichsburg genannt, die endgültige Zerstörung erfolgte im orleanischen Erbfolgekrieg (1689). Der Drachenfels bei Erlenbach sollte nicht mit dem gleichnamigen Felsen bei Bad Dürkheim verwechselt werden (Tour 75).

Tourenbeschreibung In *Erlenbach* folgen wir kurz der Straße in Richtung Niederschlettenbach und verlassen das Dorf mit der Wegmarkierung gelber Strich nach rechts über ein Anliegersträßchen. Der allmählich ansteigende Weg führt zu einer freien Feldfläche im Wald. Hier wendet sich der Weg nach rechts (gelber Strich) und erreicht auf ausgebautem Waldweg bald den *Wanderparkplatz Drachenfels*. Ganz kurz folgen wir noch dem Fahrsträßchen abwärts und wenden uns unmittelbar hinter den Gebäuden des *Weißensteinerhofs* (Gaststätte) nach links. Ein Wegweiser führt zur Drachenfelshütte, einer jener zünftigen Einkehrstätten des Pfälzerwald-Vereins.

Jetzt folgt der kurze Anstieg zur *Ruine Drachenfels*, dem nicht nur topographischen Höhepunkt dieser Wanderung. Der gelbe Strich führt nach dem Abstieg weiter über einen engen Waldpfad und durch ein schönes Wiesental nach *Busenberg*.

Dort folgen wir bei der 600jährigen Dorflinde der viel befahrenen Fahrstraße (B 427) kurz nach links bis zum Ortsrand. Hier biegen wir nach rechts ab (Straße »Im Franzosenteich«) und müssen nun für etwa 10 Minuten dem wenig befahrenen Sträßchen bis *Schindhard* folgen.

Am Ortseingang biegen wir rechts ab (Landauer Straße) und stoßen bei den letzten Häusern wieder auf die Wegmarkierung (gelb-roter Strich). Der Weg bleibt rechts des Tales, erreicht nach 15 Minuten die Höhe der Bärenbrunnenmühle und gleich darauf das Wasserwerk. Nun beginnt ein halbstündiger Aufstieg, der zunächst einem breiten Waldweg, später einem stellenweise tief ausgefurchten Sandweg folgt. Auf der freien Anhöhe bieten sich schöne Rastplätzchen an, und ein Wegweiser verlockt zur Einkehr im nahen Bühlhof. Direkt beim Hof wenden wir uns nach rechts und folgen zunächst der Wegbeschilderung in Richtung Busenberg. Der weitere Streckenverlauf ist lückenlos markiert (blau-gelber Strich), erfordert aber etwas Aufmerksamkeit, weil unser Wanderpfad mehrmals vom Hauptweg abbiegt. Der schöne Waldweg mit gelegentlicher Aussicht zum Berwartstein zieht hinab zum Talgrund vor der Straßenkreuzung und hier ist die Markierung etwas dürftig. Das letzte Wegstück ist aber nicht zu verfehlen. Der Wanderweg verläuft links der Straße und mündet beim Friedhof in Erlenbach in diese ein.

Busenberg inmitten des Dahner Felsenlandes (© Heinz R. Wittner)

21 Der Dahner Rundwanderweg

Verkehrsmöglichkeiten Dahn liegt an der Bundesstraße 427, etwa auf halber Strecke zwischen Bad Bergzabern und Pirmasens, gute Verbindungen in beide Richtungen.
Parkmöglichkeiten Beim neuen »Haus des Gastes«, die Zufahrt ist gut beschildert.
Wegmarkierungen Grüne Tanne mit DRW auf weißem Grund, teilweise auch gelbe Tafeln »Dahner Rundweg«.
Tourenlänge 20 Kilometer.
Wanderzeit 5 Stunden.
Höhenunterschiede Insgesamt etwa 350 Höhenmeter, verteilt auf mehrere angenehme Anstiege.
Wanderkarte 1:25 000 Dahn mit elsässischem Grenzgebiet.
Wissenswertes Das Städtchen *Dahn* ist Zentrum des nach ihm benannten »Dahner Felsenlandes«. Burg Altdahn war einst ein Lehen des Bischofs von Speyer und wurde vom Geschlecht der Ritter von Tan bewohnt. Die Stammburg wurde im Jahre 1127 erstmals erwähnt. Die Neudahn kommt dem Idealbild einer Burg sehr nahe. Ihre Gründung geht auf das Jahr 1230 zurück. Auf dem

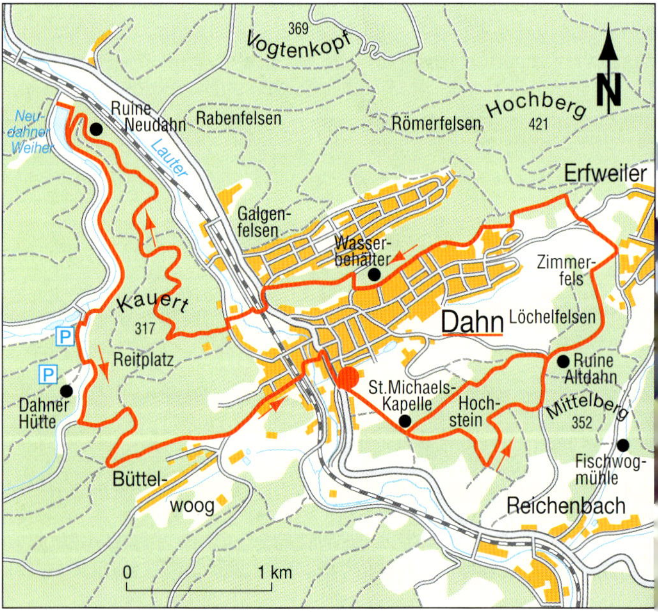

Reich an Burgen, Schlössern und Ruinen: die Pfalz (© Michael Klees)

eindrucksvollen Ehrenfriedhof fanden 2400 deutsche Soldaten ihre letzte Ruhestätte. Die kleine St.-Michaels-Kapelle stammt aus dem 12. Jahrhundert und ist ein alter Wallfahrtsort.

Anmerkung Der Dahner Rundwanderweg kann problemlos in zwei oder auch drei kürzere Rundwege eingeteilt werden, weil sich an vielen Stellen bezeichnete Rückwege zum Städtchen anbieten.

Tourenbeschreibung Beim Parkplatz am »Haus des Gastes« beginnt der Stationenweg, der zum *Ehrenfriedhof* hinaufführt. Mit der Lokalmarkierung »1« geht es zum Hochstein hinauf, einem mächtigen Felsenriff (342 m), von dessen abgeschrankter Krone ein weiter Rundblick über das Felsenland die Anstiegsmühe lohnt.

Der Rückweg führt zum Bergsattel unterhalb der Burgen Altdahn, Grafendahn und Tanstein, zu denen wir in wenigen Minuten ansteigen. Weiter geht es durch den Wald und am Zimmerfelsen vorbei zur Fahrstraße Dahn–Erfweiler, die in Höhe des Fernsehumsetzers gequert wird. Es geht wenige Schritte nach links entlang der Straße, dann folgen wir dem Waldrand und biegen beim Wasserbehälter (Sandsteinfindling) scharf links ab (auch mit rotweißem Strich bezeichnet). Bald öffnet sich ein schöner Blick zu den gegenüberliegenden Dahner Burgen, dann erreicht der Sandweg den Stadtrand und bald folgt der Anstieg zum *Jungfernsprung*. Der immer schmaler werdende Felssporn endet schließlich auf der Aussichtskanzel über der Stadt. Nach dem Abstieg zur

Pirmasenser Straße wird die Bundesstraße gequert, dann geht es einige Schritte stadtwärts. Nach Queren der Bahngleise und der Wieslauter beginnt beim Fachwerkhaus der Serpentinenanstieg zum *Sängerfelsen*, wo sich wieder eine schöne Aussicht über Dahn bietet. Über den östlichen Kauertweg geht es zum Großtaler Hals (265 m) und zur *Burgruine Neu-Dahn*.

Es folgt der kurze Abstieg zum Neudahner Weiher (Campingplatz, Einkehrmöglichkeit), dann folgt der Weg dem Weiher und zieht durch das Naturschutzgebiet Moosbachtal mit seinen teils offenen, teils verkrauteten oder mit Seerosenteppichen bedeckten Wasserflächen zum Waldparkplatz. Ab hier sind es nur wenige Schritte zur *Dahner Hütte* des Pfälzerwald-Vereins. Über die Weihersebene zieht der Rundweg zu der markanten Felsengruppe von Braut und Bräutigam und zur Jugendherberge. Ein letzter Abstecher zum nahen *Wachtfelsen* erreicht den letzten Aussichtspunkt dieser lohnenden Rundtour, ehe man zur Stadtmitte und zum Ausgangspunkt zurückkehrt.

22 Vom Parkplatz Spiessweiher bei Eppenbrunn entlang der deutsch-französischen Grenze und über den Erlenkopf

Verkehrsmöglichkeiten Der Luftkurort Eppenbrunn liegt südlich von Pirmasens, nahe der französischen Grenze. Busverbindungen in Richtung Pirmasens.

Parkmöglichkeiten Wanderparkplatz Spiessweiher, etwa ein Kilometer südlich von Eppenbrunn. Bezeichnete Zufahrt von der Straße Eppenbrunn – Fischbach.

Wegmarkierungen Örtliche Rund Wegmarkierungen »3« und »4« und weißes Kreuz bis zum Fuß der Altschloßfelsen, blau-weißer Strich über Staffelskopf zum Erlenkopf. roter Punkt zum Ausgangspunkt am Spiessweiher.

Tourenlänge 16 Kilometer.

Wanderzeit 4 Stunden.

Höhenunterschiede Insgesamt etwa 350 Höhenmeter, zahlreiche An- und Abstiege entlang der Grenze.

Wanderkarte 1:25 000 Pirmasens und Umgebung mit lothr./elsäss. Grenzgebiet.

Wissenswertes Die Rundwanderung führt durch den weit abgelegenen Grenzwald, unterwegs bietet sich keine Einkehrmöglichkeit. Dafür kommen Beeren- oder Pilzsucher in der richtigen Jahreszeit und mit dem richtigen »Riecher« sicher auf ihre

Kosten. Lohnend ist der Abstecher zu den imposanten Altschloßfelsen (Rundgang etwa eine Stunde zusätzliche Wanderzeit, siehe Tour 23).

Tourenbeschreibung Die örtlichen Rundwegmarkierungen »3« und »4« begleiten uns durch eine reizvolle Talaue. Nach gut zwanzig Minuten Wanderzeit verlassen wir den Hauptweg nach links (blau-weißer Strich). Ab hier ist der empfohlene Abstecher zu den Altschloßfelsen möglich. Nach weiteren zwanzig Minuten ist die deutsch-französische Grenze erreicht. Uralte Grenzsteine, der älteste mit der Jahreszahl 1605 und eine Hinweistafel auf militärisches Sperrgelände markieren diese Stelle. Auf dem Weiterweg wechseln sich kurze An- und Abstiege ständig ab. Unser Weiterweg folgt nun immer der Grenze, mal einige Meter hüben, dann wieder drüben. Einen Grenzer wird man allerdings kaum zu Gesicht bekommen, denn die alten Schmugglerpfade haben ihre Bedeutung längst eingebüßt. Dafür dröhnt möglicherweise – werktags – der Kanonendonner vom Truppenübungsplatz Bitsch herüber. Eine Felsenkanzel auf der abgesicherten Krone bietet ein schönes Plätzchen mit weiter Sicht nach Westen. An der großen Lichtung auf dem *Erlenkopf* erinnert ein Gedenkstein an

 Eppenbrunn, Altschloßfelsen (© Heinz R. Wittner)

eine Hofstelle, die längst aufgegeben wurde. Der Abstieg in Richtung Eppenbrunn folgt dem roten Punkt, bis örtliche Wegweiser eine Wegvariante nach links zum Forsthaus Stüdenbach anzeigen. Wer die Wanderung etwas abkürzen will, folgt diesem Wegweiser, passiert das Gehöft beim Forsthaus an dessen linker Begrenzung und wandert auf dem Fahrweg in wenigen Minuten zum Ausgangspunkt am Spiessweiher zurück.

23 Von Eppenbrunn zu den Altschloßfelsen

Verkehrsmöglichkeiten Der Luftkurort Eppenbrunn liegt südlich von Pirmasens, nahe der französischen Grenze. Busverbindungen in Richtung Pirmasens.

Parkmöglichkeiten In der Ortsmitte von Eppenbrunn oder beim Wanderparkplatz Spiessweiher, etwa ein Kilometer südlich des Ortes. Bezeichnete Zufahrt von der Straße Eppenbrunn – Fischbach.

Wegmarkierungen Örtliche Rundwegmarkierung »3«.

Tourenlänge 7 Kilometer. **Wanderzeit** 2 Stunden.

Höhenunterschiede Insgesamt etwa 150 Höhenmeter, gleichmäßiger Anstieg zu den Altschloßfelsen.

Wanderkarte 1:25 000 Pirmasens und Umgebung mit lothr./elsäss. Grenzgebiet.

Wissenswertes Die Altschloßfelsen am Brechenberg, dicht an der französischen Grenze gelegen, zählen zu den eindrucks-

vollsten Naturdenkmalen des Pfälzerwaldes. Mächtige Felstürme, Säulen, Höhlen, Dächer und Galerien bilden eine fast zwei Kilometer lange Felsszenerie. Auch hier läßt sich die Wabenverwitterung des Sandsteins besonders gut studieren. Spärliche Spuren lassen auf eine frühe Besiedlung der Altschloßfelsen schließen, doch fehlen geschichtliche Nachweise.

Tourenbeschreibung Der gut markierte Weg führt ab *Spiessweiher* durch eine ursprüngliche Talaue mit kleinen Tümpeln, Moorwiesen und alten Baumbeständen. Nach etwa 30 Minuten folgt ein leichter Anstieg zum Fuße der Altschloßfelsen. Der Rundweg ist leicht zu beschreiben, denn er folgt der beschriebenen Felsgalerie bis zu deren südlichem Ende. Der Rückweg führt hinauf zum Felsenplateau und mündet schließlich wieder in den Weg zum Spiessweiher ein.

24 Vom Parkplatz Spiessweiher bei Eppenbrunn zu den Altschloßfelsen und zur Schweixer Mühle

Verkehrsmöglichkeiten Der Luftkurort Eppenbrunn liegt südlich von Pirmasens, nahe der französischen Grenze. Busverbindungen in Richtung Pirmasens.
Parkmöglichkeiten Wanderparkplatz Spiessweiher, etwa ein Kilometer südlich von Eppenbrunn. Bezeichnete Zufahrt von der Straße Eppenbrunn – Fischbach.
Wegmarkierungen Örtliche Wegmarkierungen »3« und »4« und weißes Kreuz zu den Altschloßfelsen. Ab Ende des langgestreckten Massivs mit blau-weißem Strich und örtlichen Wegmarkierungen über die Obere Höhe zur Schweixer Mühle, mit grünem Strich zurück nach Eppenbrunn.
Tourenlänge 12,5 bzw. 15 Kilometer.
Wanderzeit 3,5 bzw. 4 Stunden.
Höhenunterschiede Insgesamt etwa 250 Höhenmeter im ersten Drittel der Rundwanderung.
Wanderkarte 1:25 000 Pirmasens und Umgebung.
Wissenswertes Das Diana- oder Römerbild befindet sich an der alten Salzstraße, die von Metz nach Mainz führte. Es ist in die Felswand eingehauen, hat im Laufe der Jahrtausende natürlich stark gelitten, zeigt aber noch deutlich 3 römische Gottheiten, darunter Diana, die Göttin der Jagd.
Anmerkung Da die Wanderung die französische Grenze überschreitet, sollte ein gültiger Personalausweis mitgeführt werden, der allerdings nach allen Erfahrungen nie vorgezeigt werden muß.

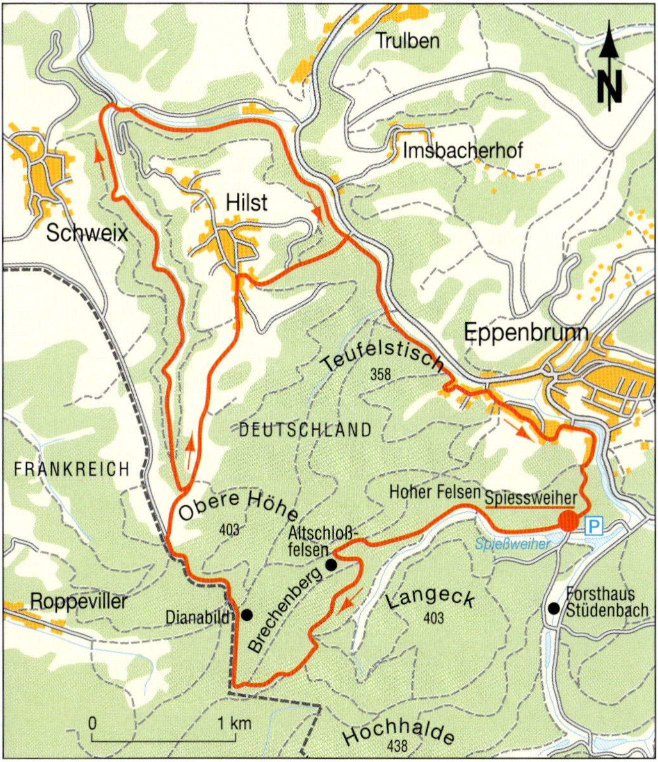

Tourenbeschreibung Mit den örtlichen Rundwegmarkierungen 3 und 4 geht es hinaus zu den *Altschloßfelsen* (siehe Tour 23). Wir umwandern das gewaltige, rund 1500 Meter lange Felsenriff auf der linken (südöstlichen) Seite. Dieses Wegstück ist sicher eine der interessantesten Stellen im felsenreichen Pfälzerwald. Am Ende der Altschloßfelsen geht es mit der Markierung blau-weißer Strich hinab zur nahen deutsch-französischen Grenze. Ein leichter Anstieg entlang der Grenze führt zum *Dianabild*. Es ist rechts des Hauptfelsens unter einem kleinen Schutzdach zu entdecken. Bei der Oberen Höhe verlassen wir den Wald und erreichen eine Weggabelung, die eine Abkürzung der Wanderung anbietet (siehe Schluß der Wegbeschreibung). Der schöne Weiterweg folgt weiter der Markierung blau-weißer Strich bis zur *Schweixermühle*. Dort münden wir in den Talweg ein (grüner Strich), der nach Eppenbrunn zurück führt. Das letzte Wegstück ab *Eppenbrunn* zum Spiessweiher ist gut bezeichnet.

An der Weggabelung nach Waldaustritt können wir auch den rechten Weg (unmarkiert) wählen. Er führt zu dem kleinen Dorf *Hilst*, wo wir dem Fahrsträßchen folgend ins Tal zum Eppenbrunner Bach absteigen und dort in den von der Schweixermühle kommenden Weg einmünden.

25 Von Glashütte zum Waldhaus Drei Buchen und über den Kettrichhof zum Wanderheim Hohe List

Verkehrsmöglichkeiten Der Weiler Glashütte liegt wenige Kilometer südlich von Pirmasens mit Busverbindung.
Parkmöglichkeiten In der Ortsmitte.
Wegmarkierungen Grünes Kreuz und gelber Punkt bis Drei Buchen, weißes Kreuz und gelber Punkt bis Kettrichhof, rot-weißer Strich bis Hohe List, grünes Kreuz bis Glashütte.
Tourenlänge 14 Kilometer. **Wanderzeit** 3½ Stunden.
Höhenunterschiede Insgesamt etwa 360 Höhenmeter, längerer Anstieg zwischen Glashütte und Drei Buchen, kurzer Anstieg zum Forsthaus Hohe List.
Wanderkarte 1:25 000 Pirmasens mit lothr./ elsäss. Grenzgebiet.

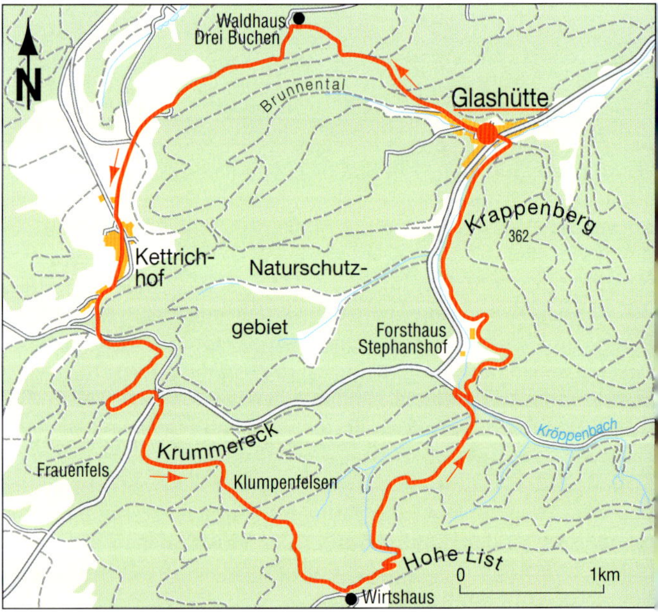

Wanderheim Hohe List des Pfälzerwald-Vereins (© Heinz R. Wittner)

Tourenbeschreibung Wir parken in der Ortsmitte und entdecken dort am Brunnen die Wegmarkierung grünes Kreuz. Es geht nur ganz kurz taleinwärts, bis der Wanderweg in Höhe des Hauses Nr. 37 den Talgrund verläßt und steil nach rechts bergan zieht.

Der Anstieg schneidet mehrere Wege und führt hinauf zu einem freien Platz mit Rastbank. Hier wenden wir uns nach links und folgen dem Wegweiser zum *Waldhaus Drei Buchen*, das nach 45 Minuten seit Glashütte erreicht wird. Das gastliche Haus des Pfälzerwald-Vereins ist an Wochenenden geöffnet und bewirtschaftet. Eine Orientierungstafel verweist auf zahlreiche Wanderziele; für Kinder wurde ein Spielplatz eingerichtet.

Wenige Schritte zurückgehend finden wir die Bezeichnung unseres Weiterweges, das weiße Kreuz und den gelben Punkt. Bald ist der Waldrand erreicht (Wanderparkplatz), und über ein befestigtes Landwirtschaftssträßchen wandern wir auf freier Hochfläche hinüber zum schon weithin sichtbaren *Kettrichhof*. Der Weiler steht auf dem Boden einer frühgeschichtlichen Bauernsiedlung.

Beim Kettrichhof folgen wir ganz kurz der Straße nach links, bis wir zwischen den Gebäuden das nach rechts abwärts zeigende rotweiße Wanderzeichen finden. In Höhe der letzten Häuser wird die Straße überquert. Nun folgt unser Weg als schmaler Fußpfad dem Steilhang über der Fahrstraße und zieht durch mannshohes Ginstergesträuch hinab zu einer Straßenkreuzung, die wir überschreiten. Auf der Gegenseite stoßen wir wieder auf die lückenlose Wegmarkierung zur Hohen List. Der breite Waldweg führt steigungsfrei weiter, erst kurz vor dem Gipfel verlassen wir den Hauptweg nach links (Genau auf die Markierung achten!) und steigen hinauf zum *Wanderheim Hohe List.*

Der Abstieg ist mit dem grünen Kreuz gekennzeichnet, doch muß nach den Serpentinen wieder genau auf die Wegbezeichnungen geachtet werden, da der Wanderweg erneut vom Hauptweg abzweigt. Nun schlängelt sich unser Pfad durch schöne Felspartien zu Tale, das wir nach 2½ Kilometern seit Wanderheim Hohe List erreichen. Hier wird wieder die Straße überschritten. Nun folgen wir dem Waldweg nach links, der sich in Rufweite zur Straße hält und direkt nach Glashütte zurückführt.

26 Von der Burg Lemberg zum Ruppertstein und zum Maiblumenfelsen

Verkehrsmöglichkeiten Lemberg liegt wenige Kilometer südöstlich von Pirmasens, nach dort gute Busverbindungen.
Parkmöglichkeiten Wanderparkplatz am Fuße der Burgruine Lemberg.
Wegmarkierungen Rotes Dreieck bis Ruppertstein, grünes Dreieck bis Maiblumenfelsen, gelber Punkt bis Parkplatz.
Tourenlänge 15 Kilometer.
Wanderzeit 4 Stunden.
Höhenunterschiede Insgesamt etwa 300 Höhenmeter, verteilt auf mehrere leichte Anstiege.
Wanderkarte 1:25 000 Pirmasens und Umgebung mit lothr./elsäss. Grenzgebiet.
Wissenswertes Keltische und römische Spuren verweisen auf eine lange Siedlungsgeschichte, ehe im 13. Jahrhundert die Burg Lemberg errichtet wurde. Die Grenzburg der Grafschaft Zweibrücken fiel den Zerstörungen der Franzosenkriege (1689) zum Opfer. Der Pfälzerwald-Verein Lemberg hat die alten Kellergewölbe in mühevoller Arbeit freigelegt und eine gemütliche Burgschenke eingerichtet. Der Ruppertstein am Nordende des Hummelberges zeigt sich als mächtiger Doppelturm. Auch er trug eine Burganlage, deren geschichtliche Spuren vergangen sind. Die Felsenkrone ist über Treppen und Leitern zugänglich.

Tourenbeschreibung Wo sich am Fuße der Burgruine Lemberg das schmale Fahrsträßchen durch die Felsen zwängt, entdecken wir neben zahlreichen anderen Wegmarkierungen das rote Drei-

Wandern in der Pfalz (© FHV Rheinland-Pfalz/Kilian)

eck. Bald beginnt der angenehme Anstieg und führt entlang einer langen Felsengalerie. Dieser Ort bietet ein ideales Rückzugsgebiet für Vögel, Eidechsen und anderes Getier.

Nach einer Wanderstunde ist der *Ruppertstein* erreicht (schöner Rastplatz auf dem Felssporn). Jetzt geht es auf schmalem Pfad durch prächtige Buchenbestände hinab zu einem flachen Sattel und stets dem grünen Dreieck folgend am stacheldrahtverzierten Eingang eines alten Militärgeländes vorbei. Ein breiter Sandweg steigt wieder bergan, denn die Höhe des Ruppertsteins muß wieder gewonnen werden.

Ab einer kleinen Schutzhütte verläuft der restliche Anstieg auf schmalem Pfad zum *Maiblumenfelsen*, einem Steintisch auf dünnen Sandsteinbeinen, der alle statischen Gesetze ignoriert. Am Ende des Felssporns bietet sich ein idyllisches Rastplätzchen an (Sitzbank). Wer sich »reif für die Insel« fühlt, findet sie hier inmitten rauschender Baumwipfel.

Wir gehen auf gleichem Weg zurück und mit dem gelben Punkt durch parkähnlichen Wald über den langgezogenen Bergrücken hinab zum Parkplatz.

27 Der Rodalber Felsenweg

Verkehrsmöglichkeiten Rodalben liegt wenige Kilometer nördlich von Pirmasens, gute Bus- und Bahnverbindungen.
Parkmöglichkeiten Parkplatz Ecke Hauptstraße/Pirmasenser Straße, gegenüber dem Hotel »Zum grünen Kranz«.
Wegmarkierungen »F« für Felsenwanderweg.
Tourenlänge 12 Kilometer, siehe jedoch Anmerkung.
Wanderzeit 3 Stunden.
Höhenunterschiede Insgesamt etwa 200 Höhenmeter, verteilt auf leichte Anstiege.
Wanderkarte 1:25 000 Waldfischbach-Burgalben – Rodalben.
Anmerkung Die empfohlene Rundwanderung führt über ein Teilstück des langen und sehr empfehlenswerten Rodalber Felsenwanderwegs und berührt den Bruderfelsen und den Bärenfelsen. Der gesamte Felsenwanderweg ist 43 Kilometer lang. Eine ausführliche Broschüre, erhältlich bei der Tourist-Information Gräfensteiner Land, D-66976 Rodalben, beschreibt fünf Teilstücke. Diese ergeben einschließlich der Zu- und Abgänge zum Städtchen eine Wanderstrecke von 62 Kilometern, wobei zahlreiche Abkürzungen angeboten werden. Dafür wird der Wanderplan Rodalben im Maßstab 1:10 000 empfohlen, ebenfalls erhältlich bei der Tourist-Information.

Tourenbeschreibung Vom Parkplatz aus folgen wir zunächst für etwa 400 Meter der Pirmasenser Straße (grüner Strich), bis ein

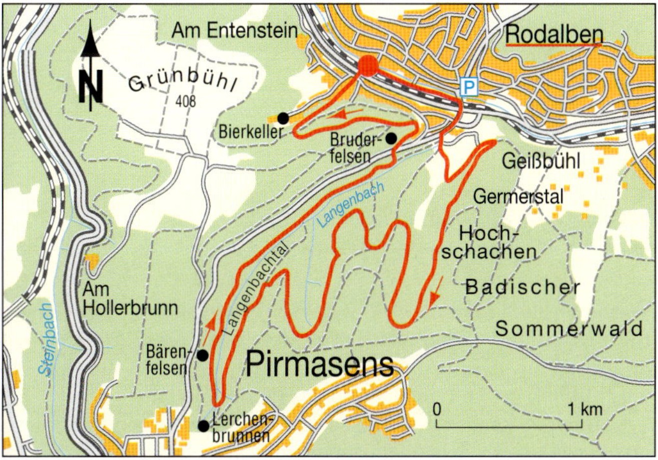

Sträßchen nach links abzweigt (Wegweiser zu den Tennisplätzen). Vor einem hoch gelegenen Gebäude wählen wir den nach links führenden Waldweg, biegen am Ende eines eingezäunten Grundstückes nach links und folgen dem breiten Sandweg, der leicht ansteigt. Oberhalb der Tennisplätze, die links unterhalb liegen, biegt der Weg scharf nach rechts ab, steigt langsam an und mündet nach 1400 Metern seit Ausgangspunkt in den bezeichneten Felsenweg ein (Pfosten Nr. 72). Ein Wegweiser zum *Steigert* zeigt den Weiterweg an, bei der nächsten Weggabelung bleiben wir auf dem unteren Pfad und passieren die »Dicke Buche«, einen Baumriesen von 45 Metern Höhe, dessen Alter auf 280 Jahre geschätzt wird. Der schmale Wanderpfad führt zum Steigert, einem freien Platz mit Sitzgruppe. Ein Wegweiser in Richtung Wüst – Langenbach zeigt den Weiterweg, und bald tauchen auch Wegweiser zum Bärenfelsen auf. Hier stehen wir vor der größten natürlichen Felsenhöhle der Pfalz, die unter einem mächtigen Felsendach liegt. Direkt beim Bärenfelsen steigt unser Weg über Steinstufen an und zieht unterhalb der Fahrstraße am Berghang entlang (Wegweiser Bruderfelsen 2,1 km). Wir queren die stark befahrene Fahrstraße Rodalben – Pirmasens und finden gleich gegenüber die Fortsetzung des Weges, der schnell zum *Bruderfelsen* hinaufführt. Der zweigeteilte Felsklotz ist das Wahrzeichen des Städtchens Rodalben (Sitzgruppe).

Ein Wegweiser in Richtung Stadtmitte (Otto-Stolz-Weg) geleitet zu einem schönen, steigungsfreien und ginsterbestandenen Weg, der uns in 15 Minuten Gehzeit seit Bruderfelsen zum *Bierkeller* führt. Etwa 100 Meter unterhalb des alten, längst nicht mehr genutzten Felsenkellers biegen wir nach rechts ab und kommen schnell zum Stadtrand. Dort wenden wir uns nach rechts (Baumbuschstraße), gehen zur Brücke und steigen die Treppe im Brückenpfeiler hinab. Über die Bahnhofstraße geht es zum Parkplatz zurück.

28 Der Wild- und Wanderpark Südliche Weinstraße bei Silz

Bei Silz, einem kleinen Dorf zwischen Annweiler am Trifels und Bad Bergzabern, lädt seit 1974 der Wild- und Wanderpark Südliche Weinstraße zu Spaziergängen ein, die einen ungehinderten Einblick in den Lebensraum des Wildes bieten.

Schon von seiner Größe her darf der Park nicht mit den vielerorts angelegten Schaugehegen verglichen werden, in denen gelegentlich ein paar Tiere als Blick- oder Kundenfang gehalten werden. Die etwa 100 Hektar große Anlage ist in ein landschaftlich reizvolles Gelände eingebettet und bietet Beobachtungsmöglichkeiten vielfacher Art. Hier tummeln sich Rotwild, Damwild, Schwarzwild, Mufflons, Wisente, Uhus, Schnee-Eulen, Bergziegen, Pferde, Minipferde und Esel. Seit 1996 ist auch ein Wolfsrudel im Wildpark heimisch. Die Tiere bewohnen ein großräumiges Gehege und können von einem Aussichtsturm aus beobachtet werden.

Familienausflug im Wild- und Wanderpark Südliche Weinstraße bei Silz
(© Südliche Weinstraße e.V.)

Ein Besuch des Wild- und Wanderparks Südliche Weinstraße ist zu allen Jahreszeiten ein interessantes und lohnendes Unternehmen für die ganze Familie. Zwei ausgeschilderte Rundwege erfordern eine Gehzeit von 60 und 90 Minuten. Überall bieten sich hübsch gestaltete Rastplätzchen an, und ein großer Kinderspielplatz, der durch seine originelle Gestaltung auffällt, bildet einen besonderen Anziehungspunkt. Seit 1994 bietet auch eine Gaststätte Einkehrmöglichkeit.

Der Wild- und Wanderpark Südliche Weinstraße ist ganzjährig geöffnet, von Mitte März bis Mitte November täglich ab 9 Uhr, im Winter ab 10 Uhr. Der Eintrittspreis ist angemessen, Parkplatz ist reichlich vorhanden. Die Zufahrt ist im weiteren Umkreis von Silz ausgeschildert.

29 Rund um den Lindelbrunn

Verkehrsmöglichkeiten Lindelbrunn liegt auf der Linie Bad Bergzabern – Hauenstein und ist mit öffenlichen Verkehrsmitteln nicht zu erreichen. Zufahrt für Pkw über ein schmales Fahrsträßchen ab Birkenhördt oder Vorderweidenthal.
Parkmöglichkeiten Wanderparkplatz am Fuße der Ruine Lindelbrunn, die Zufahrt ist beschildert.
Wegmarkierungen Roter Punkt über Darstein zur Wasgauhütte, 15 Min. mit grün-blauem Strich in Richtung Dicke Eiche, blau-gelber Strich zum Bühlhof, gelb-roter Strich nach Lindelbrunn.
Tourenlänge 17 Kilometer, mit Anstieg zur Burgruine.
Wanderzeit 4½ Stunden.
Höhenunterschiede Insgesamt etwa 280 Höhenmeter, verteilt auf kürzere Anstiege.
Wanderkarte 1:25 000 Hauenstein und Umgebung.
Wissenswertes *Lindelbrunn* siehe Tour 30.
Anmerkung Lindelbrunn und seine nähere Umgebung zählen zu den beliebtesten Wanderzielen im Pfälzerwald. An Sonntagen kann es deshalb am Parkplatz schon einmal eng werden.

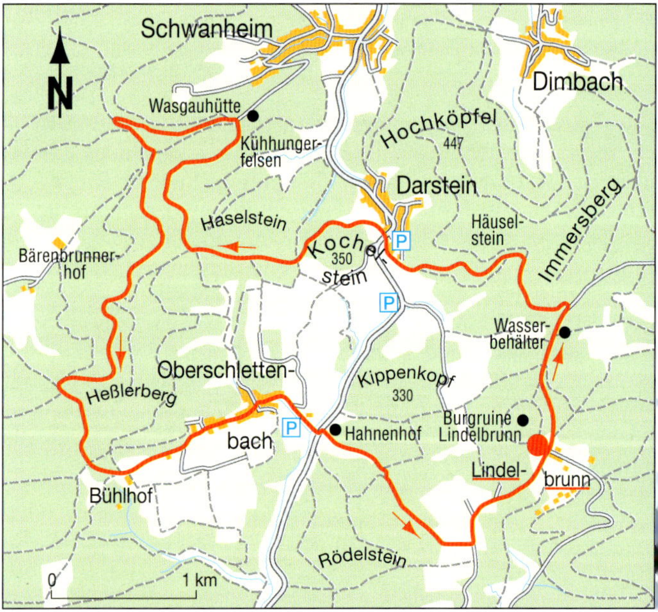

Tourenbeschreibung Beim Parkplatz am Fuße der Burgruine Lindelbrunn laufen zahlreiche Wanderwege aus allen Richtungen zusammen. Nach dem Aufstieg zur Ruine folgen wir zunächst dem roten Punkt nach Norden (Wegweiser in Richtung Hauenstein). Er führt am Jugendheim der Stadt Pforzheim vorbei, knickt nach 15 Minuten Gehzeit links ab und führt nach *Darstein*, einem der vielen sauber herausgeputzten Fachwerkdörfer im Pfälzerwald.

Am Ortsausgang in Richtung Vorderweidenthal geht es beim letzten Haus rechts ab (roter Punkt, Wegweiser Wasgauhütte 2,7 km). An den Felstürmen des *Kochelstein* und des *Haselstein* vorbei steigt der Weg schließlich an und erreicht die Wasgauhütte, eine jener gastlichen Einkehrstätten des Pfälzerwald-Vereins.

Der Weiterweg folgt zunächst dem Anstieg zur Dicken Eiche (Wegweiser), biegt aber nach 15 Minuten scharf links ab und zieht über den Schindberg zur nächsten Einkehrmöglichkeit im *Bühlhof*. Mit dem Wanderzeichen gelb-roter Strich ist bald *Oberschlettenbach* erreicht. Am Ortseingang bietet eine Informationstafel neun Rundwanderwege zwischen 2,4 und 6,8 Kilometern Länge an. Wir durchwandern das Dorf, folgen dann kurz der Fahrstraße und queren bei der Bushaltestelle Gleichmann/Hahnenhof die Straßenkreuzung. Auf schönen Naturwegen geht es zum Ausgangspunkt Lindelbrunn zurück.

30 Von Waldrohrbach zur Ruine Lindelbrunn, zum Asselstein und zum Rehberg

Verkehrsmöglichkeiten Waldrohrbach liegt an der B 48 Klingenmünster – Annweiler. Busverbindungen in Richtung Annweiler und Bad Bergzabern – Landau.
Parkmöglichkeiten Bei der Kirche in Waldrohrbach.
Wegmarkierungen Gelb-grüner Strich bis Parkplatz Lindelbrunn, örtlicher Wegweiser zur Ruine, blauer Strich über Völkersweiler zur Kletterhütte am Asselstein, örtlicher Rundweg zum Rehberg, weiß-blauer Strich ab Kletterhütte bis Waldrohrbach.
Tourenlänge 22 Kilometer.
Wanderzeit 6½ Stunden.
Höhenunterschiede Insgesamt etwa 400 Höhenmeter, einschließlich der Anstiege zur Ruine Lindelbrunn und zum Aussichtsturm auf dem Rehberg.
Wanderkarte 1:25 000 Annweiler am Trifels.

Gossersweiler-Stein, Burgruine Lindelbrunn (© Heinz R. Wittner)

Wissenswertes Die sagenumwobene *Burg Lindelbrunn* entstand im 12. Jahrhundert und gehörte zum schützenden Burgenkranz um den Trifels. Die Anlage wurde im 30jährigen Krieg zerstört. Mauern, Fensternischen und Kammern sind noch vorhanden, und vom Kegelberg bietet sich eine großartige Rundsicht.

Der *Asselstein* ist einer der eindrucksvollsten Felsentürme im Pfälzerwald. Meist lassen sich hier auch die Kletterer bei ihrem luftigen Sport beobachten. Auf einem kurzen Rundweg läßt sich die 44 Meter hohe und 140 Meter breite Feldwand umrunden.

Tourenbeschreibung In *Waldrohrbach* zeigt eine Wandertafel bei der Kirche das erste Wanderziel an (Lindelbrunn 7 km).

Ein kurzer Anstieg führt durch einen Hohlweg, dann geht es auf sandigen Naturwegen mit schönen Ausblicken über eine Anhöhe bis zum Schulhaus vor dem Engelmannsfelsen. Unser Weiterweg folgt kurz der Fahrstraße, am Friedhof von Gossersweiler beginnt dann das Zubringersträßchen zum *Feriendorf Eichwald*. Wir berühren die Feriensiedlung mit ihren auffälligen Ganzdachhäuschen, aber der Weiterweg führt wieder durch eine ursprüngliche Landschaft und in leichtem Anstieg durch den Wald zum Wanderparkplatz am Fuße der Burgruine Lindelbrunn (Einkehrmöglichkeit im Haus des Pfälzerwald-Vereins).

Der Anstieg zur Burgruine nimmt etwa 15 Minuten in Anspruch und sollte unbedingt »mitgenommen« werden, denn die Aussicht und die sich anbietenden Vesperplätzchen lohnen die kleine Mühe.

Am Wanderparkplatz übernimmt dann der blaue Strich die weitere Führung. Es geht am Jugendheim der Stadt Pforzheim vorbei, und der schöne Waldweg führt in einer Wanderstunde ohne größere Anstiege nach *Völkersweiler* (5 km seit Lindelbrunn). Wir unterqueren am Ortsrand die Fahrstraße und kommen am *St. Paulusstift* vorbei, einer Behinderteneinrichtung der Caritas. Ein leichter Anstieg (blauer Strich und grünes Tannensymbol) führt schließlich zur nächsten Einkehrstelle, der Kletterhütte am Asselstein. »Pflichtübung« muß zumindest bei gutem Wetter der halbstündige Anstieg zum Gipfel des *Rehberg* sein. Die örtliche Rundwegmarkierung führt an der höchstgelegenen Quelle des Pfälzerwaldes vorbei hinauf zum kleinen Aussichtsturm. Im Osten liegt die weite Fläche der Rheinebene, und der Rückblick zeigt die ungezählten Kuppen und Felsenkegel des Pfälzerwaldes. Nach Rückkehr zur Kletterhütte folgt der kurze Abstieg (weiß-blauer Strich) durch das Aßental zum Ausgangspunkt Waldrohrbach.

 Hinterweidenthal, Teufelstisch (© Verkehrsamt Hauenstein)

Wandergruppe (© FHV Rheinland-Pfalz/Kilian)

31 Der Modellspielplatz Teufelstisch bei Hinterweidenthal

An mehreren Stellen wird in diesem Wanderführer daran erinnert, daß Kinder das stille Wanderglück der Erwachsenen oft nicht so selbstverständlich teilen und die idyllischen Waldpartien als »blöd« oder »fade« bezeichnen, wenn nichts am Wege liegt, das ihr kindliches Interesse wecken könnte. Deshalb empfiehlt der Verfasser – und er tut es aus der Erfahrung als Familienvater – auch einige Ausflugs- oder Wanderziele, die nicht unbedingt zünftige Ausrüstung und Kondition für einige Gehstunden voraussetzen.

Eines dieser Ziele ist der Modellspielplatz am Teufelstisch bei Hinterweidenthal. Die Anlage entstand mit finanzieller Unterstützung des Landkreises Pirmasens und des Landes Rheinland-Pfalz.

Hier bieten sich vielfältige Spiel- und Beschäftigungsmöglichkeiten für Jung und Alt. Auf dem Bolzplatz finden sich Väter und Söhne schnell zu einem Spiel zusammen, eine Kleingolfanlage fordert die Geschicklichkeit heraus, und auch auf der Bocciabahn oder beim Freiluftschach lassen sich interessante Partien durchführen oder beobachten. Natürlich ist auch für Speise und Trank gesorgt, und die Kleinen vergnügen sich am Sandkasten oder an der eindrucksvollen Rutschbahn, deren Länge über das übliche Spielplatzformat hinausgeht.

Ein kleiner Spaziergang führt hinauf zum imposanten Teufelstisch über Hinterweidenthal. Das phantastische Felsgebilde scheint allen Gesetzen der Statik zu spotten. Mancher Besucher mag ein Magenkribbeln verspüren, wenn er unter den mächtigen Felsendächern hindurchgeht. Für Fotofreunde noch ein Tip: Die Postkartenseite des Teufelstischs ist hinten. Sparen Sie also zunächst Ihren Film und gehen Sie einmal um das Naturdenkmal herum. Wer auf der Höhe weiterwandert, findet bei der Teufelsschmiede nach einigen Minuten einen Abstieg zum Spielplatz.

Am Zufahrtsweg von Hinterweidenthal zum Modellspielplatz findet sich auch eine Orientierungstafel mit dem Angebot von drei Rundwanderwegen, die eine Gehzeit von einer bis 2½ Stunden beanspruchen.

32 Von Lug über Wernersberg und das Queichtal nach Spirkelbach

Verkehrsmöglichkeiten Der Ausgangsort dieser Rundwanderung ist das südöstlich von Hauenstein gelegene Lug. Busverbindungen in Richtung Annweiler und Bad Bergzabern.
Parkmöglichkeiten In der Ortsmitte bei der Kirche.
Wegmarkierungen Blaues Kreuz in Richtung Dimbach, grünblauer Strich über Wernersberg und Sarnstall (Papierfabrik), roter Punkt bis Spirkelbach, blaues Kreuz bis Lug.
Tourenlänge 19 Kilometer.
Wanderzeit 5 Stunden.
Höhenunterschiede Insgesamt etwa 430 Höhenmeter, kräftiger Anstieg ab Papierfabrik zum Buchholzfelsen.
Wanderkarte 1:25 000 Annweiler am Trifels.
Anmerkung Die lang ersehnte Verkehrsentlastung für Annweiler und das ganze Queichtal ist endlich wahr geworden. Mit Fertigstellung der Umgehungsstraße verschwand die vielbefahrene B 10 in mehreren Tunnels und verläuft nun hoch über der Talsohle.

Tourenbeschreibung Wir verlassen das kleine Dörflein *Lug* über die Mühlstraße bei der Kirche, queren die vielbefahrene Straße und folgen für 10 Gehminuten dem ruhigeren Fahrsträßchen in Richtung Dimbach, bis der mit grün-blauem Strich bezeichnete Wanderweg in spitzem Winkel nach links abbiegt. Ein schöner Sandweg führt durch ursprüngliche Landschaft mit schönen Ausblicken. Bei einer Weggabelung halten wir uns rechts, ein Hohlweg führt hinab zum Talgrund. In Höhe der kleinen Fischteiche (Hütte) knickt der Weg rechts ab, quert bald die Fahrstraße und folgt später einem Betonweg bis *Wernersberg*.

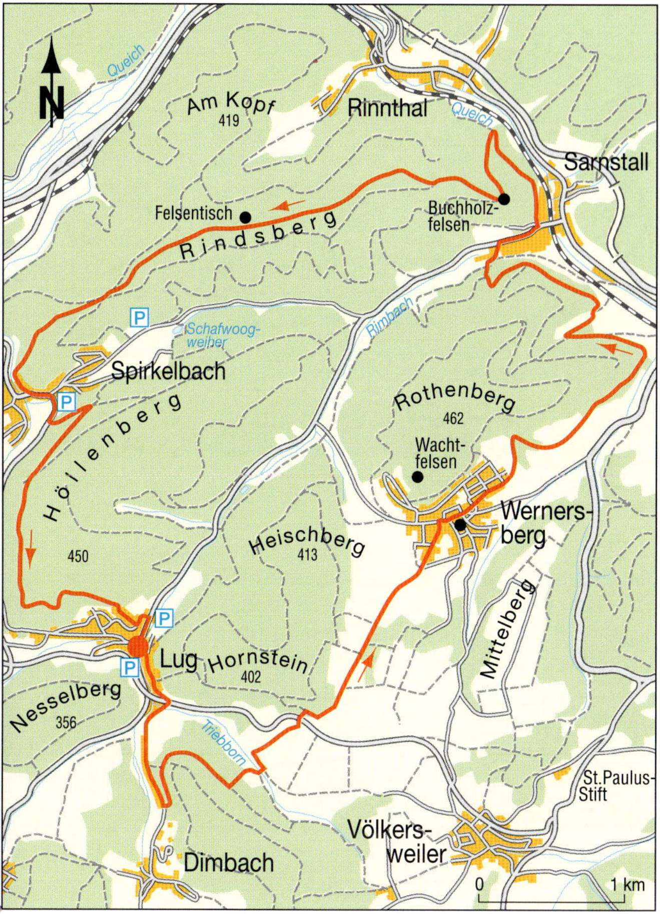

Hier folgen wir der Hauptstraße (Wegweiser Rinnthal 6,5 km) und sehen direkt vor uns den Trifels, eines der Wahrzeichen des Pfälzerwaldes. Der Weiterweg führt nun dem Queichtal entlang und folgt dem Waldrand (Markierung beachten, nicht zur Bahnlinie absteigen).

Direkt im Werksgelände der Papierfabrik beginnt der allmählich steiler werdende Anstieg (grün-blauer Strich) bis zu einer kleinen Wiesenterrasse. Hier übernimmt der rote Punkt die Führung, und über Treppen geht es hinauf zum mächtigen *Buchholzfelsen* (385 m). Direkt am Felsen zeigt eine Wandertafel den Weiterweg an (Spirkelbach 4 km).

Der Trifels zur Zeit der Kastanienblüte (© Heinz R. Wittner)

Es geht über den schmalen Rücken des Rindsbergs, bald biegt nach rechts der mit »H« bezeichnete Höhenweg ab. Er führt über den Bergkamm und an zahlreichen alten Grenzsteinen vorbei. Eine schöne Aussicht öffnet sich am Ende der »Gratwanderung« beim Wackelstein, einem interessanten Felsentisch (Sitzbank).

Der Abstieg führt zu einer Schutzhütte, dort treffen wir wieder auf den roten Punkt, der nach *Spirkelbach* hinabführt. Beim Friedhof beginnt noch einmal ein kurzer Anstieg, ehe wir über den Friedrichsfelsen (Aussichtskanzel, beliebter Kletterfelsen) unseren Ausgangspunkt Lug erreichen.

33 Auf dem Felsenweg von Wilgartswiesen zur Falkenburg

Verkehrsmöglichkeiten Wilgartswiesen liegt nahe Hauenstein an der B 10 zwischen Annweiler und Pirmasens. Bus- und Bahnverbindungen in Richtung Hauenstein und Annweiler.
Parkmöglichkeiten In der Ortsmitte von Wilgartswiesen.
Wegmarkierungen »F«.
Tourenlänge 10 Kilometer. **Wanderzeit** 2½ Stunden
Höhenunterschiede Insgesamt etwa 330 Höhenmeter.
Wanderkarte 1:25 000 Hauenstein und Umgebung.
Wissenswertes Über die Entstehung der Falkenburg ist wenig bekannt, die Gründung wird in das 11. Jahrhundert datiert. Erst

mals wird die Burg im Jahre 1246 in einer Urkunde unter König Konrad als Reichsfeste vermerkt. Noch immer eindrucksvoll sind die Reste der Anlage, die sich über ein schmales Felsriff ausdehnt. Seit dem Jahre 1926 ist die Burg wieder über Treppen begehbar.
Anmerkung Das nahgelegene Pirmasens ist die »Schuhmetropole« Deutschlands. Daraus ergeben sich zahllose Einkaufsmöglichkeiten im weiten Umland, wo größere und kleinere Hersteller Schuhe und andere Lederwaren im Werksverkauf anbieten. Auch in Wilgartswiesen besteht diese Möglichkeit, eine schöne Wanderung mit nützlichem Einkauf zu verbinden.

Tourenbeschreibung Wir verlassen den Ortskern von *Wilgartswiesen* über die Herrengasse am alten Steinbrunnen. Ein leichter Anstieg auf einem Betonweg führt in 15 Minuten zu einem Bergsattel. Hier wenden wir uns nach links und folgen einer neuen Weganlage bergwärts. Bei einer Schutzhütte ist dann die Höhe erreicht (Wegweiser Falkenburg 3,5 km). Bald darauf ist die Fahrstraße erreicht, der wir nach links auf schmalem Pfad folgen, der abwärts zu einer Wegkreuzung führt (Steinblock mit Aufschrift »Alte Straße«). Ein kurzer Anstieg von 800 Metern Länge zieht hinauf zur *Burg Falkenburg*.

Der Rückweg beginnt bei der ehemaligen Zugbrücke (Wegweiser nach Wilgartswiesen 2,1 km). Durch schönen Buchenwald zieht der Weg hinab, unterwegs vermitteln Tafeln wissenswerte Informationen über die Bedeutung des Waldes. Entlang der Kur- und Erholungsanlage einer Reha-Klinik geht es zurück zur Ortsmitte.

34 Auf dem Hauensteiner Höhenweg über Vier Buchen zum Wanderheim Dicke Eiche

Verkehrsmöglichkeiten Hauenstein liegt verkehrsgünstig nahe der B 10 zwischen Landau und Pirmasens, gute Bus- und Bahnverbindungen in Richtung Pirmasens und Annweiler – Landau.
Parkmöglichkeiten An der Kuppe der Bahnhofstraße beim Abzweig »Am Zimmerberg«, sonntags beim Penny-Markt.
Wegmarkierungen Rot-weißer Strich bis Vier Buchen, »H« (Hauensteiner Höhenweg) über Dicke Eiche zum Ausgangspunkt.
Tourenlänge 16 Kilometer.
Wanderzeit 4 Stunden.
Höhenunterschiede Insgesamt etwa 350 Höhenmeter, verteilt auf mehrere Anstiege.
Wanderkarte 1:25 000 Hauenstein und Umgebung.

Die Dicke Eiche vor ihrer Zerstörung (© Heinz R. Wittner)

Tourenbeschreibung Neben dem Gebäude des Penny-Marktes an der Zufahrt zur Bundesstraße 10 ab Hauenstein steigen wir am Wasserhochbehälter vorbei bergan, passieren das *Hängeler Brünnel* und kommen zur Schutzhütte bei *Vier Buchen* (360 m, Informationstafel des Pfälzerwald-Vereins).

Hier wenden wir uns nach links (Markierung »H«), kommen an der Schutzhütte »Jungwald« vorbei und genießen eine schöne Aussicht zum Trifels und zum östlichen Wasgau. Bald taucht das spitze Türmchen des *Winterkirchel* auf, zu dem wir hinabsteigen. Der Weiterweg führt in 15 Minuten hinüber zur *Dicken Eiche*, einem Naturdenkmal mit langer Geschichte, denn das Alter dieses Baumes wird auf 600 Jahre geschätzt.

 Kreuzelfelsen, oberhalb von Hauenstein (© Heinz R. Wittner)

Nur wenige Minuten sind es noch bis zum *Wanderheim Dicke Eiche*. Wir folgen noch für etwa 10 Minuten dem Hauptweg, der oberhalb des Wanderheimes verläuft, biegen dann aber mit dem Höhenweg links ab und passieren am *Hasenteller* ein uraltes Lochgrenzzeichen, das einst die Grenze zwischen Kurpfalz und dem Besitz des Fürstbischofs von Speyer kennzeichnete. Zehn Minuten nach der Weggabelung steht völlig überraschend der *Hühnerstein* vor uns, ein gewaltiger Felsklotz, den der Pfälzerwald-Verein durch eine Eisenleiter zugänglich gemacht hat. Es lohnt sich ganz sicher, die 40 Sprossen der luftigen »Hühnerleiter« auf die Felskrone aufzusteigen.

Der sehr gut bezeichnete Wanderweg führt nun an zahlreichen Felsengebilden vorbei zum *Kreuzelfelsen* (lohnende Aussicht) und schließlich hinab zum Ortsrand von Hauenstein. Wir gehen nur 100 Meter ortseinwärts und verlassen hier die Hauptstraße nach rechts (An der Vogellege). Unser Weg folgt dem Ortsrand und zieht leicht ansteigend zum Fuße des Felsmassivs *Neding* hinüber. An schönen Felsbildern vorbei geleitet uns die gelb-rote Markierung zum Felsdurchbruch und über die Pirmasenser Straße zum Ausgangspunkt.

35 Von Hauenstein über den Hühnerstein zur Wasgauhütte und über Schwanheim und Lug nach Spirkelbach

Verkehrsmöglichkeiten Hauenstein liegt verkehrsgünstig nahe der B 10 zwischen Landau und Pirmasens, gute Bus- und Bahnverbindungen in Richtung Pirmasens und Annweiler – Landau.
Parkmöglichkeiten Am östlichen Ortsausgang von Hauenstein in Richtung Lug an der Weißenburger Straße.
Wegmarkierungen Roter Punkt bis kurz vor Wasgauhütte, grünblauer Strich über Schwanheim nach Dimbach, blaues Kreuz bis Spirkelbach, mit rotem Punkt zurück nach Hauenstein.
Tourenlänge 16 Kilometer.
Wanderzeit 4½ Stunden.
Höhenunterschiede Insgesamt etwa 400 Höhenmeter, kräftiger Anstieg bis zum Hühnerstein und von Lug zum Friedrichsfelsen.
Wanderkarte 1:25 000 Hauenstein und Umgebung.
Anmerkung Diese Rundwanderung führt durch eine Reihe der kleinen, hübsch herausgeputzten Pfalzdörfer und bietet damit auch eine Vielzahl von Einkehrmöglichkeiten.

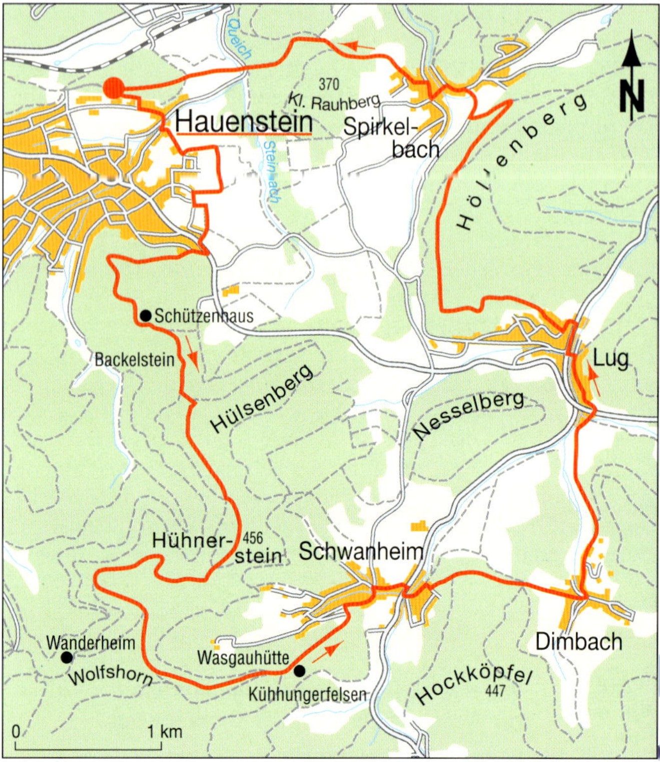

Tourenbeschreibung Am Ortsausgang von Hauenstein an der Weißenburger Straße zeigt die Markierung roter Punkt den Anstieg zur Aussichtswarte auf dem *Kreuzelfels* über Hauenstein. Der Weiterweg führt an zahlreichen Felsgebilden vorbei zum Hühnerstein (siehe Tour 34). 15 Gehminuten nach dem Hühnerstein gabelt sich der Wanderweg, wir kommen mit dem grün-blauen Strich zur *Wasgauhütte*, einer der zünftigen Einkehrstellen, die der Pfälzerwaldverein für die Wanderer geschaffen hat. Der Fahrweg führt hinab nach *Schwanheim*. Dort wandern wir durch die Hauptstraße und Ringstraße an der Kirche vorbei zum Ortsausgang. Bei der vierten Station eines Prozessionsweges (in Höhe von Haus Nr. 14 an der Ringstraße) biegt der Wanderweg nach links vom Hauptweg ab. Nach 15 Minuten ist der Waldrand über dem stillen Dörflein *Dimbach* erreicht (Sitzbank, schöne Rastgelegenheit). In wenigen Minuten wandern wir durch einen Hohlweg hinab und am winzigen Kirchlein vorbei zur Ortsmitte. Dort bietet eine Informationstafel zahlreiche Wandermöglichkeiten an. Wir folgen der wenig befahrenen Fahrstraße in Richtung Lug. Bei Unterquerung der Straße wenden wir uns nach rechts und erreichen das Dörflein *Lug* über die Mühlstraße.

Die Wegmarkierung blaues Kreuz führt an der Kirche vorbei bis zum Gasthaus »Sportsmann«. Dort verläßt der Weg das Dorf nach links. Über ein Neubaugebiet geht es hinauf zum Waldrand (Rastbänke, Kinderspielgeräte), und weitere 10 Minuten Anstieg führen zur spitzen Aussichtskanzel am *Friedrichsfelsen*. Nun folgt ein schöner, ganz leicht abfallender Weg nach *Spirkelbach*, der unterwegs schöne Ausblicke und Rastplätzchen anbietet. Die Spitzkehre (siehe Kartenskizze) ist so kräftig mit Wanderzeichen dekoriert, daß die Richtungsänderung nicht zu übersehen ist.

In Spirkelbach wandern wir an der Kirche vorbei und treten über die Felsenstraße den letzten Anstieg dieser Rundwanderung an. Der anfänglich befestigte Weg führt zu einer Wegkreuzung unter den Felsen, dann geht es durch einen Hohlweg bergab bis zur Fahrstraße, die den kürzesten Rückweg nach Hauenstein bietet. Schöner aber ist der Wanderpfad, der hier die Straße quert (Markierung an Leitplanke), noch einmal kurz ansteigt und die aussichtsreiche Felsenkanzel des Neding erreicht. Wer jedoch nach der allmählich doch anstrengenden Rundtour müde ist, kann mit dem ersten nach links abwärts weisenden Wanderweg (örtliche Markierung »6« und »22«) zum Ortsrand von Hauenstein absteigen.

(© Michael Klees)

36 Von Annweiler auf den Trifels

Verkehrsmöglichkeiten Annweiler liegt an der Bundesstraße 10, westlich von Landau. Gute Bahn- und Busverbindungen.
Parkmöglichkeiten Bei den Kuranlagen. Die Zufahrt ist beschildert, auch Wegweiser in Richtung Stadtteil Bindersbach.
Wegmarkierungen Weißes Dreieck (Wegweiser in Richtung Waldhambach) bis Schloßäcker am Fuße der Burg und weiter bis Windhof, gelber Strich zurück zum Ausgangspunkt.
Tourenlänge 10 Kilometer.
Wanderzeit 2½ Stunden (ohne Besichtigung des Trifels).
Höhenunterschiede Insgesamt etwa 350 Höhenmeter.
Wanderkarte 1:25 000 Annweiler am Trifels.
Wissenswertes Die *Burg Trifels*, heute das mächtige Wahrzeichen des Pfälzerwaldes, wurde im Jahre 1081 erstmalig erwähnt. Während der Stauferzeit unter Kaiser Barbarossa erlebte die Burg eine Zeit höfischer Prachtentfaltung und war für 150 Jahre Aufbewahrungsort für die Reichskleinodien. Hier saß der englische König Löwenherz als Gefangener, ehe er für ein riesiges Lösegeld freigekauft wurde. Eine ausführliche Beschreibung der »Gralsburg« wird am Kiosk angeboten.
Anmerkung Eine Fahrt über die Trifels-Ringstraße ab Annweiler bietet schöne Ausblicke und führt zum Parkplatz Schloßäcker am Fuße der Burg. Unterwegs bieten sich kurze Rundwanderungen an (Parkplatz Ahlmühle fünf Wege zwischen 2,8 und 7,0 km, Parkplatz Rehberg vier Wege zwischen 2,5 und 4,1 km).

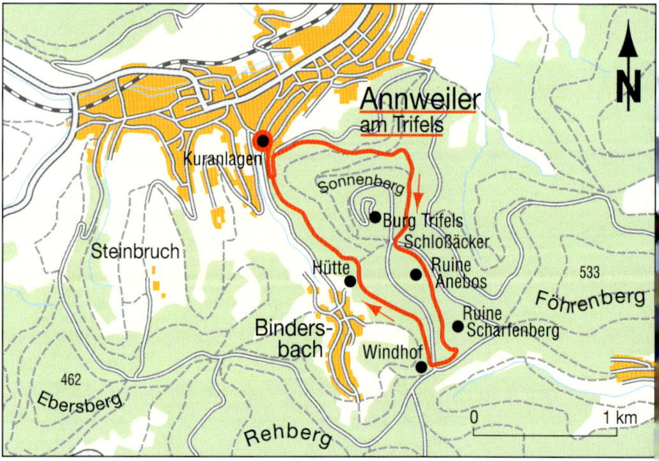

Burg Trifels (© Michael Klees)

Tourenbeschreibung Der Anstieg (weißes Dreieck) beginnt direkt am Parkplatz bei den Kuranlagen. Er bietet immer wieder schöne Ausblicke und erreicht den Parkplatz *Schloßäcker*. Ab hier ist die Burganlage in etwa 15 Minuten leicht zu erreichen.

Der Weiterweg steigt bei der Gaststätte noch einmal leicht an zum Jungturm, einem jener mächtigen Felsen, die im Pfälzerwald oft ganz unvermittelt vor dem Wanderer auftauchen. Der Weg zieht unterhalb der Burgruinen von Anebos und Münz vorbei zum *Windhof* (370 m), wo sich die Trifelsstraße teilt. Direkt bei einem Steinkreuz (Jahreszahl 1861) beginnt der Abstieg nach Annweiler (gelber Strich). Der Pfad folgt einem streckenweise tief eingeschnittenen Hohlweg und führt schließlich über den Blondelweg zum Parkplatz zurück.

37 Von Annweiler am Trifels zur Madenburg und zum Slevogthof

Verkehrsmöglichkeiten Annweiler liegt an der Bundesstraße 10, westlich von Landau. Gute Bahn- und Busverbindungen.
Parkmöglichkeiten Bei den Kuranlagen. Die Zufahrt ist beschildert, auch Wegweiser in Richtung Stadtteil Bindersbach.
Wegmarkierungen Weißes Dreieck bis Windhof, gelber Strich bis Parkplatz unter der Madenburg, Anstieg zur Burg mit örtlichen Wegweisern, gelb-grüner Strich bis Eschbach, grüner Kegel

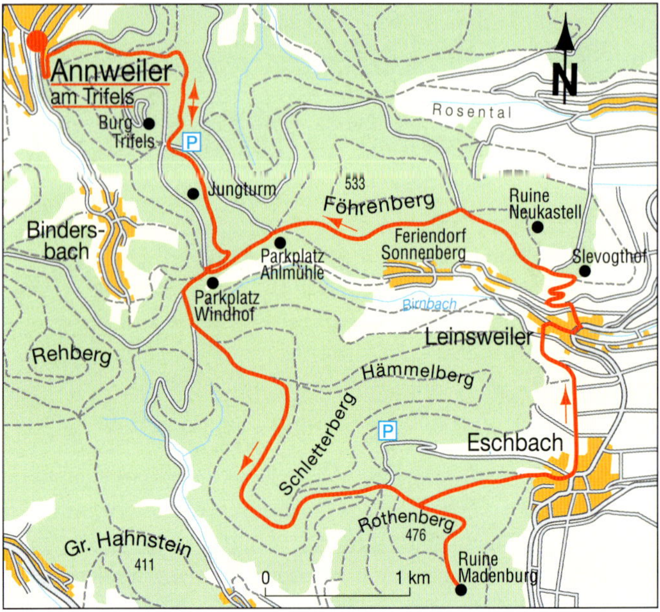

und örtliche Wegweiser zum Slevogthof, Rundwegmarkierung »14« bis Windhof, gelber Strich bis Annweiler.

Tourenlänge 21 Kilometer.

Wanderzeit 6 Stunden.

Höhenunterschiede Insgesamt etwa 650 Höhenmeter, kräftiger Anstieg bis Schloßäcker an Trifels, weitere Anstiege zur Madenburg und ab Leinsweiler zum Slevogthof.

Wanderkarte 1:25 000 Annweiler am Trifels.

Wissenswertes *Trifels* siehe Tour 36, *Annweiler* siehe Tour 38.

Die *Madenburg* ist eine der größten Burganlagen der Pfalz. Vor der Zerstörung in den Jahren 1679 und 1689 diente das Renaissanceschloß den Bischöfen von Speyer. Großartig ist die Aussicht über die Rheinebene bis zum Odenwald und Schwarzwald und nach Westen über das unendlich scheinende Wäldermeer. Eine Burgschenke erwartet den Wanderer.

Der *Slevogthof* trägt den Namen des großen deutschen Impressionisten Max Slevogt. Der berühmte Maler schuf hier in seiner Wahlheimat und geliebten Pfalzlandschaft einen großen Teil seines Lebenswerkes. Nach seinem Tode im Jahre 1932 fand er hier auch seine letzte Ruhestätte. Ein Teil der Privaträume mit den Wand- und Deckengemälden kann nach Absprache besichtigt werden.

Madenburg, der Balkon der Pfalz (© Heinz R. Wittner)

Anmerkung Die Wanderung kann abgekürzt werden, wenn das Fahrzeug am Parkplatz Schloßäcker beim Trifels abgestellt wird.

Tourenbeschreibung Bei den Kuranlagen beginnt der direkte Anstieg zum Parkplatz *Schloßäcker* am Fuße des Trifels (Abstecher zur Burg mit 15 Minuten Anstieg möglich). Weiter dem weißen Dreieck folgend lassen wir schnell den Touristentrubel hinter uns, wandern am Jungturm und unterhalb der Ruinen Anebos und Münz vorbei zum *Parkplatz Windhof*. Der gelbe Strich führt über den schönen Cramerpfad zum *Parkplatz Madenburg*. Lohnend ist der gut bezeichnete Abstecher zur Burgruine mit der großartigen Aussicht. Es geht zurück zum Parkplatz, wo ein Wegweiser den Abstieg nach *Eschbach* anzeigt (gelb-grüner Strich).

Wir durchwandern das malerische Weindorf mit seinem hübschen Brunnen und den alten Häusern und Höfen an der Weinstraße und wählen den ersten Weinbergweg, der nach der Ortstafel links aufwärts führt (An der Rotheck). Der erste nach rechts abzweigende Weg ist mit der Traube des Wanderweges Deutsche Weinstraße markiert und führt hinab nach *Leinsweiler*. Im schönen alten Ortskern steht am Rathaus ein alter Brunnen.

 Slevogthof bei Leinsweiler (© Heinz R. Wittner)

Der berühmte »Dreiburgenblick« mit Annweiler (© Heinz R. Wittner)

Hier übernehmen zahlreiche Markierungen die Führung zum hochgelegenen *Slevogthof*. Lohnend ist ein Besuch der uralten Martinskirche, die rechts unseres Anstiegs liegt.

Beim Slevogthof (Einkehrmöglichkeit) folgen wir dem breiten Fahrweg, der an der rechten Talseite entlangführt und mit der örtlichen Markierung »14« bezeichnet ist.

Dieser Weg mündet nach gut 30 Minuten Gehzeit in den *Wanderparkplatz Ahlmühle* ein. Der Rückweg folgt nun dem grünen Dreieck nach links dicht neben der Straße zum *Windhof*. Direkt bei einem alten Steinkreuz (Jahreszahl 1861) beginnt der Abstieg nach Annweiler (gelber Strich). Der Pfad folgt einem streckenweise tief eingeschnittenen Hohlweg und führt schließlich über den Blondelweg zum Parkplatz zurück.

38 Von Annweiler über den Krappenfels nach Gräfenhausen

Verkehrsmöglichkeiten Annweiler liegt an der Bundesstraße 10, westlich von Landau. Gute Bahn- und Busverbindungen.
Parkmöglichkeiten Beim Bahnhof Annweiler.
Wegmarkierungen Blauer Strich und weißer Punkt bis Gräfenhausen, gelber Strich bis Annweiler.
Tourenlänge 11 Kilometer. **Wanderzeit** 3 Stunden.

Höhenunterschiede Insgesamt etwa 320 Höhenmeter, anhaltender Aufstieg am Anfang der Rundwanderung bis hinauf zu den Krappenfelsen.
Wanderkarte 1:25 000 Annweiler am Trifels.
Wissenswertes *Annweiler*, die zweitälteste Stadt der Pfalz, ist eine Gründung der Hohenstaufen. Kaiser Rotbart gilt auch als Stifter der Stadtkirche. Die schön gestaltete Innenstadt wird von der Queich durchflossen und ist einen Besuch wert (Rathaus, Stadtkirche, Museum unterm Trifels, vorbildlich rekonstruierte Wassermühle).
Anmerkungen Der große Touristenstrom gilt immer dem Trifels auf der gegenüberliegenden Talseite. Die empfohlene Rundwanderung bietet schöne Aussichten zu der durch Viktor von Scheffel besungenen »Burgdreifaltigkeit« von Trifels, Anebos und Münz.

Tourenbeschreibung An der *Bahnhofstraße* in Annweiler beginnt direkt hinter der katholischen Kirche unser Anstieg über den *Turnerweg*. Wir überschreiten die Gleisanlagen und folgen dem Bahnkörper entlang der Stadt. Bald geht es in Serpentinen hinauf zum Wingertsberg (schöne Aussicht).

An den Sportanlagen vorbei wandern wir weiter zum Jugendheim des Pfälzer Turnerbundes und finden direkt neben dem Gebäude einen Wegweiser in Richtung Taubensuhl. Mit einer Anzahl weiterer örtlicher Wegweiser geht es nun steil durch Kastanienwald hinauf zur großartigen Aussichtskanzel auf dem *Krappenfelsen* (Vorsicht mit Kindern, die Felsabbrüche sind nicht

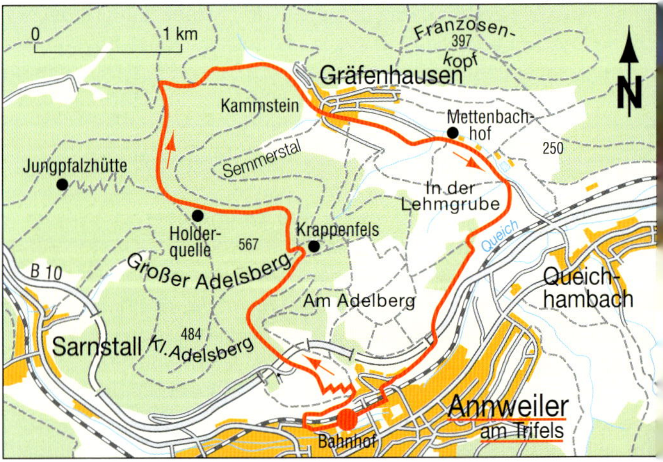

abgeschrankt!). Wenige Meter oberhalb des Felsens bietet eine Sitzgruppe bereits die nächste Ausruhmöglichkeit. Der gut bezeichnete Weg führt weiter zur *Holderquelle*. Wenige Schritte später bietet sich bereits eine bezeichnete Abstiegsmöglichkeit nach Gräfenhausen an.

Die ohnehin nicht sehr anstrengende Rundtour kann jedoch noch etwas ausgedehnt werden. Wir wandern geradeaus weiter, bis die weiße Punktmarkierung nach rechts weist. Am Sportplatz vorbei kommen wir zur Ortsmitte mit dem Kirchlein und einem geradezu winzigen Rathäuschen. Der gelbe Strich geleitet durch die *Krummgasse* und die *Hohlstraße* zum Ortsrand, dann folgt der Rückweg in schöner Hanglage mit schönem Blick auf die Burgenlandschaft.

39 Von Eußerthal zum Freßwasen und zum Taubensuhl

Verkehrsmöglichkeiten Eußerthal liegt an der Stichstraße zum Forsthaus Taubensuhl, die zwischen Landau und Annweiler von der B 10 abzweigt. Busverbindungen in Richtung Annweiler und Landau.
Parkmöglichkeiten Am Ortsausgang von Eußerthal in Richtung Taubensuhl.
Wegmarkierungen Weiß-blauer Strich durch das Birkental, mit rotem Punkt über Böchinger Hütte, grün-blauer Strich bis Pfaffenkopf, rotes Kreuz bis Taubensuhl, gelber Strich bis Eußerthal, Abkürzungsmöglichkeit siehe Anmerkung.
Tourenlänge 25 Kilometer.
Wanderzeit 7 Stunden, siehe jedoch Anmerkung.
Höhenunterschiede Insgesamt etwa 400 Höhenmeter, gleichmäßiger Anstieg bis Böchinger Hütte, danach kurzer Steilanstieg, langer angenehmer Abstieg ab Taubensuhl.
Wanderkarte 1:25 000 Annweiler am Trifels.
Wissenswertes Das ehemalige *Kloster Eußerthal* wurde im Jahre 1148 gegründet und stand in enger Beziehung zu Annweiler und dem Trifels. Die Mönche führten die Aufsicht über die Reichskleinodien auf dem Trifels. So entwickelte sich das Kloster zu einem der bedeutendsten Ordenshäuser der Pfalz. An das ehemalige Zisterzienserkloster erinnert die Abteikirche aus dem 13. Jahrhundert (im Sommer regelmäßig Kirchenkonzerte).
Anmerkungen Die ausgedehnte Rundwanderung erfordert schon etwas Kondition und führt zu keinen spektakulären Tou-

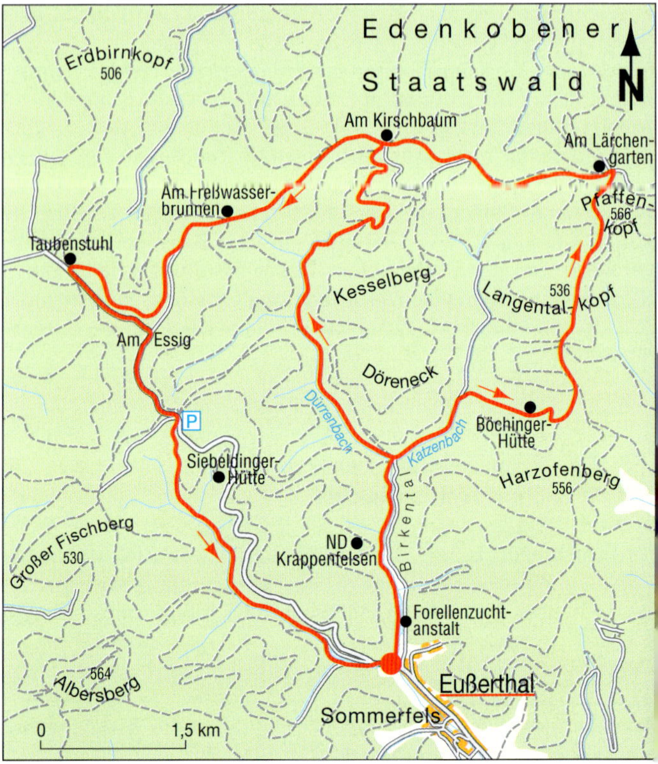

ristenzielen. Die ausgedehnten Wälder, von keiner Fahrstraße durchzogen, versprechen aber erholsame Stille.

Ab dem Punkt Kirschbaum bietet sich eine günstige Abkürzung dieser doch sehr langen Rundtour an. Dadurch verringert sich die Wanderzeit um etwa 2 Stunden.

Tourenbeschreibung Das Birkental beginnt am Ortsausgang von Eußerthal in Richtung Taubensuhl. Wir folgen dem sacht ansteigenden Fahrweg, der an Forellenteichen entlang zu einer auffallenden Weggabelung führt. Hier verlassen wir den Bachlauf nach rechts und folgen der Markierung roter Punkt. Bald tauchen auch Wegweiser zur Böchinger Hütte des Pfälzerwald-Vereins auf, die wenig später erreicht wird (Einkehrmöglichkeiten an Wochenenden, Spielplatz, Brunnen). Nun folgt ein sehr steiler Anstieg bis zur Einmündung in den mit grün-blauem Strich markierten Wanderweg, dem wir nach links und immer wieder ansteigend folgen. Bei der Weggabelung am Pfaffenkopf, kurz vor dem Lärchengarten (Wegweiser Heldenstein 2 km) ist genau auf die Markierung rotes Kreuz zu achten, denn der Weg knickt in sehr spitzem Winkel nach links ab. Wir kommen zum *Hainfelder Kirschbaum* (Schutzhütte, 1994 erneuert, Gedenkstein). Noch vor Erreichen dieses Punktes, die Schutzhütte aber schon in Sichtweite, bietet sich die Abkürzung nach links an (weiß-blauer Strich). Der schöne, stets bergab führende Wanderpfad folgt lange dem Bachlauf und mündet schließlich bei der erwähnten Weggabelung im Birkental in unseren Herweg ein. Der große Rundweg führt abwechslungsreich und gut markiert zum Freßwasen (Schutzhütte, Brunnen) und weiter zum *Gasthaus Taubensuhl.*

Von der Häusergruppe aus folgen wir etwa 400 Meter dem Fahrsträßchen in Richtung Eußerthal. Dann biegt der Wanderweg rechts ab (Wegweiser Siebeldinger Hütte 3 Kilometer, Eußerthal 7 Kilometer) und es beginnt der lange aber reizvolle Abstieg zum Startpunkt.

40 Vom Taubensuhl nach Iggelbach

Verkehrsmöglichkeiten Pkw-Zufahrt zum Taubensuhl nur über eine schmale Stichstraße ab Eußerthal. Keine Verbindung mit öffentlichen Verkehrsmitteln.
Parkmöglichkeiten Großer Parkplatz bei der Gaststätte Taubensuhl.
Wegmarkierungen Blauer Strich und anfangs örtliche »5« bis kurz hinter Hubertusbuche, örtliche Markierungen bis Iggelbach, blau-roter Strich bis Hubertushütte, rotes Kreuz bis Taubensuhl.
Tourenlänge 20 Kilometer.
Wanderzeit 6 Stunden.
Höhenunterschiede Insgesamt etwa 420 Höhenmeter, kräftiger Anstieg zwischen Iggelbach und Hubertushütte.
Wanderkarte 1:25 000 Lambrecht (Pfalz) – Elmstein.
Anmerkung Für kürzere Wanderungen bietet eine Informationstafel des Pfälzerwald-Vereins beim Gasthaus Taubensuhl sechs Rundwege an. Die Wanderung läßt sich bequem abkürzen: Man folgt auf dem Talgrund beim Badeweiher Geiswiese dem gesperrten Fahrsträßchen nach links talaufwärts (keine Markierung) und mündet nach einem Kilometer in den Rückweg nach Taubensuhl ein (blau-roter Strich).

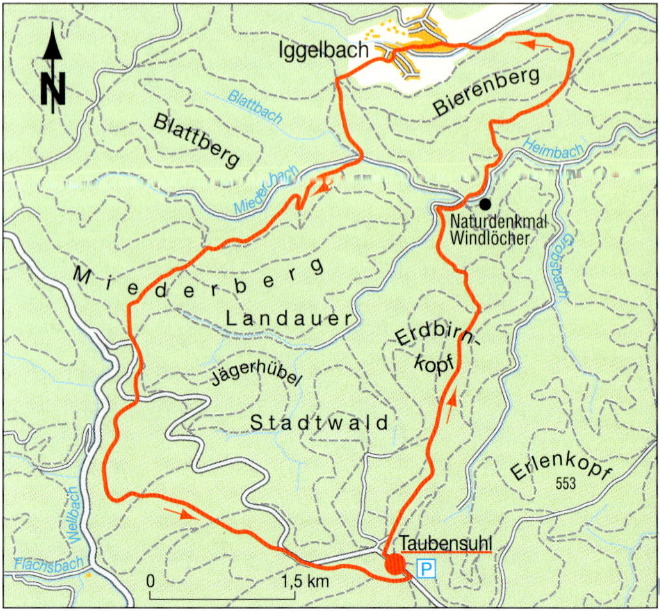

Tourenbeschreibung Kurz hinter dem Parkplatz biegt unser Weg rechts ab und folgt dem blauen Strich. Nach einer guten Wanderstunde erreichen wir den Badeweiher an der Geiswiese (Abkürzungsmöglichkeit siehe Anmerkung). Unser Weiterweg folgt weiter dem blauen Strich (Wegweiser Elmstein 5 km) und steigt an zur mächtigen Hubertuseiche. Wenige Schritte weiter stehen wir vor den Resten der Himmelsbuche (Naturdenkmal, 1997 vom Sturm gelegt). Hier übernimmt die örtliche Wegmarkierung die Führung bis *Iggelbach*. Entlang des Ortsrandes (Große Äcker – Schloßgasse – Taubensuhler Straße) münden wir in die blau-rote Strichmarkierung ein und steigen an zum Schungelskopf (Wegspinne, Rastplatz). Nach links geht es noch einmal hinab zum Talgrund, wo die Abkürzungsvariante einmündet. Nun folgt ein kräftiger Anstieg zur Hubertushütte. Ein Wegweiser (Taubensuhl 5 km) zeigt den Wanderweg über die Höhe an, der mit dem roten Kreuz lückenlos markiert ist und zum Ausgangspunkt zurückführt.

41 Rundwanderung um den Taubensuhl

Verkehrsmöglichkeiten Pkw-Zufahrt zum Taubensuhl nur über die Stichstraße ab Eußerthal.
Parkmöglichkeiten Reichlich Parkflächen beim Gasthaus.
Wegmarkierungen Örtliche Rundwegmarkierung »3«, ab Wendepunkt zusätzlich rotes Kreuz.
Tourenlänge 10 Kilometer.
Wanderzeit 2½ Stunden.
Höhenunterschiede Insgesamt etwa 140 Höhenmeter, verteilt auf leichte Anstiege.
Wanderkarte 1:25 000 Hauenstein und Umgebung oder 1:25 000 Lambrecht (Pfalz) – Elmstein.
Anmerkungen Eine Informationstafel des Pfälzerwald-Vereins bietet beim Gasthaus Taubensuhl sechs Rundwanderwege an.

Der hochgelegene Ausgangspunkt (519 m) verspricht oft noch an Spätherbsttagen sonnige Stunden, wenn die Täler in Dunst und Nebel liegen. Spaziergänger und Wanderer, die sich keinen langen Anstieg zumuten können, finden hier ideale Wege – und gastliche Einkehrmöglichkeit. Der erwähnte Hohlweg ist nach starken Regenfällen kaum begehbar. Auf der rechten Böschungskrone hat sich jedoch eine trockene »Umgehung« gebildet.

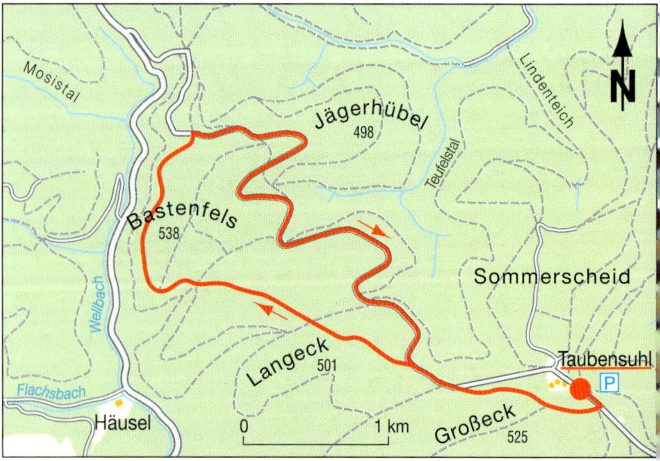

Tourenbeschreibung Vom Parkplatz aus geht es kurz geradeaus zum Waldrand, wo der Rundweg »3« in Höhe des letzten Gebäudes abzweigt und steil zu einem breiten Waldweg hinabführt. Der stellenweise tief ausgefurchte Weg wird nach etwa 10 Gehminuten nach rechts verlassen. An dieser Stelle ist genau auf die lückenlose Markierung zu achten. Unser Rundweg führt in weitem Bogen nach rechts, steigt durch einen auffallenden und meist etwas sumpfigen Hohlweg an und mündet in den mit rotem Kreuz bezeichneten Weg ein. Wir folgen dieser Markierung nach links, unter uns schlängelt sich die Fahrstraße durch das tief eingeschnittene Wellbachtal zum Johanniskreuz hinauf. Durch schönen Hochwald und mit leichten Anstiegen führt der schöne Pfad zurück. Etwa 15 Minuten nach Passieren eines bezeichneten Abzweigs in Richtung Hofstätten (gelber Strich) bietet sich noch eine Abkürzung an, indem man der Rundwegmarkierung »4« nach links folgt und so auf kürzestem Weg zum Parkplatz zurückkehrt.

42 Spurensuche – Die kultur- und forstgeschichtlichen Wege im Johanniskreuzer Wald

Das Johanniskreuz ist der Mittelpunkt des größten zusammenhängenden Waldgebietes in Deutschland und seit Jahrhunderten eine wichtige Straßenkreuzung an der Wasserscheide des Pfälzerwaldes. Auch der Name »Pfälzerwald« wurde hier im Jahre 1843 durch bayrische und pfälzische Forstleute geprägt. Landwirtschaft hat sich hier nie so richtig gelohnt, dadurch blieb die weite Umgebung von großflächigen Rodungen verschont und es konnte sich eine herrliche Vielfalt von Waldbildern entwickeln. Berühmt und begehrt sind die Alteichenbestände in den Wäldern des Johanniskreuz. Schon vor Jahrhunderten lieferten diese »Edelsteine« wertvolles Material für den Schiffs- und Hausbau. Heute erzielen sie Spitzenpreise als edles Furnierholz. Nicht umsonst nennen die Forstleute einen besonders schönen Bestand das »Millionenviertel«.

Das Forstamt Johanniskreuz betreut rund 77 Quadratkilometer Waldfläche. Kreuz und quer durch dieses riesige Revier führen seit dem Jahre 2001 vier Wanderwege für Spurensucher. Diese Rundwege laden dazu ein, die Lebens- und Arbeitsbedingungen der Menschen in früheren Jahrhunderten kennen zu lernen. In jedem dieser 4 Rundwege sind 21 »Fundstellen« versteckt, die es zu entdecken gilt. Da erzählen uralte Grenzsteine über frühere

Besitzverhältnisse, Schanzen erinnern an die kriegerischen Auseinandersetzungen mit Frankreich im 18. Jahrhundert und viele Zeugnisse der alten Waldgewerbe wie Flößerei, Köhlerei und Pottaschegewinnung werden aufgezeigt. Auch der aufmerksame Wanderer könnte viele dieser Spuren übersehen, würden sie ihm nicht durch interessante und informative Faltblätter des Forstamtes aufgezeigt. Das gelungene Konzept enthält auch genaue Wegeskizzen. Jeder Rundweg ist mit einem stilisierten Johanniskreuz gekennzeichnet. Die Faltblätter sind gegen eine kleine Gebühr beim Forstamt Johanniskreuz oder beim Touristbüro in Trippstadt erhältlich.

43 Von Elmstein zum Waldhaus Schwarzsohl

Verkehrsmöglichkeiten Elmstein ist der Zentralort des »Romantischen Tals«, das von Neustadt/Weinstraße zum Johanniskreuz führt, gute Busverbindungen in Richtung Neustadt.
Parkmöglichkeiten Das enge Elmsteiner Tal begrenzt die Parkflächen. Kleiner Parkplatz in der Ortsmitte, Parkzeit beim Friedhof auf zwei Stunden begrenzt, weitere Möglichkeiten entlang des Sträßchens am Friedhof.
Wegmarkierungen Blauer Strich bis Steinernes Kreuz, kurzer Abstecher zum Waldhaus Schwarzsohl, grünes Kreuz bis Schutzhütte 200 Meter vor Parkplatz Erlenbrunnen, gelb-blauer und gelb-weißer Strich bis Alte Schmelz, örtliche Rundwegmarkierung »4« bis Elmstein.
Tourenlänge 17 Kilometer.
Wanderzeit 4 Stunden.
Höhenunterschiede Insgesamt etwa 300 Höhenmeter, direkter Anstieg ab Elmstein zum Waldhaus Schwarzsohl.
Wanderkarte 1:25 000 Lambrecht (Pfalz) – Elmstein.
Wissenswertes *Elmstein* liegt im Herzen des Pfälzerwaldes an der alten Handelsstraße zwischen Neustadt und Kaiserslautern. Zahlreiche Burgen sicherten und kontrollierten das Tal, alle sind längst zerfallen. Auch von der Ruine Elmstein sind nur noch Reste der Schildmauer aus dem 12. Jahrhundert erhalten. Das Waldarbeitsmuseum und die alte Wappenschmiede lohnen einen Besuch. An Sommersonntagen schnauft das historische Kuckucks-Bähnel ab Neustadt durch das Elmsteiner Tal. Auskünfte erteilen die Verkehrsämter.

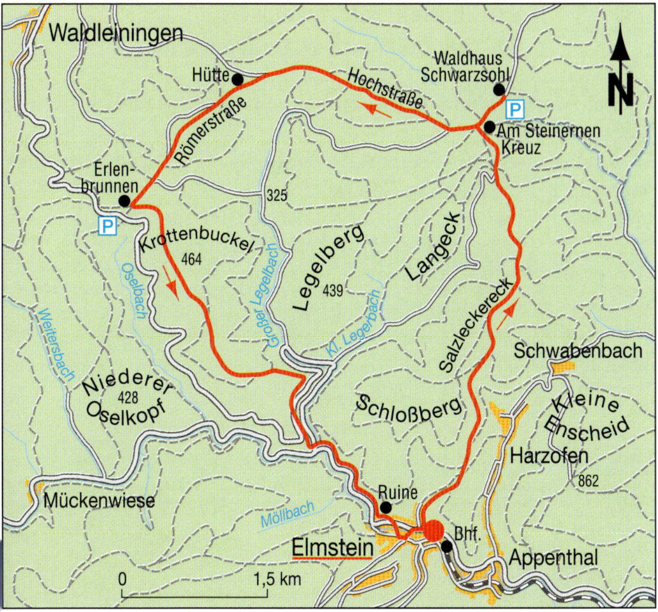

Tourenbeschreibung Wir beginnen unsere Rundwanderung beim Friedhof am Ortsausgang von Elmstein in Richtung Neustadt. Ein Stein trägt hier die Aufschrift »Nach Berlin 695 km«, wir halten uns jedoch an die Markierung blauer Strich und steigen sofort steil bergan. Die Bäume links und rechts des Weges sind so kräftig mit Wegmarkierungen bepinselt, daß die Orientierung leicht fällt. Bei der Gabelung der Wanderwege ist bereits ein beträchtlicher Teil des Anstiegs bewältigt, und die reizvolle Waldwanderung führt uns in etwa 1½ Wanderstunden seit Elmstein zum *Steinernen Kreuz*. Auf ganz kurzem Abstecher nach rechts erreichen wir das *Waldhaus Schwarzsohl* des Pfälzerwald-Vereins. Das grüne Kreuz wird nun unser zuverlässiger Begleiter über die alte Römerstraße. Kurz nach dem Steinernen Kreuz (Höhenangabe 470 m am Fahrsträßchen) verlassen wir die Zufahrtsstraße und folgen dem alten Höhenweg bis zur Schutzhütte, die 200 Meter vor dem Straßensattel (Parkplatz Erlenbrunnen) erreicht ist. Hier stoßen wir auf die Markierung gelb-weißer und gelb-blauer Strich. Der Rückweg über den Krottenbuckel mündet in einen abschüssigen, aber gut begehbaren Pfad ein, der zur *Alten Schmelz* hinab führt. Über die Ruine Elmstein erreichen wir den Ausgangspunkt dieser Rundtour.

44 Von Elmstein nach Iggelbach und zum Helmbach-Naturbadeweiher

Verkehrsmöglichkeiten Busverbindung nach Neustadt an der Weinstraße.
Parkmöglichkeiten Kleinerer Parkplatz in der Ortsmitte, weitere Möglichkeiten in Bahnhofsnähe.
Wegmarkierungen Blau-roter Strich bis Iggelbach, gelb-grünes Kreuz durch das Iggelbachtal, gelbes Kreuz bis Elmstein.
Tourenlänge 14 Kilometer.
Wanderzeit 3½ Stunden.
Höhenunterschiede Insgesamt etwa 200 Höhenmeter, Anstieg zwischen Elmstein und Iggelbach.
Wanderkarte 1:25 000 Lambrecht (Pfalz) – Elmstein.

Elmstein (© Heinz R. Wittner)

Tourenbeschreibung In Elmstein halten wir uns zunächst für ein kurzes Wegstück an die Fahrstraße in Richtung Iggelbach, bis der Wanderweg am Ortsausgang die Straße nach links verläßt (Wegweiser Iggelbach 3,5 km) und durch den Wald ansteigt. Der Anstieg – es ist der einzige nennenswerte während der ganzen Rundwanderung – endet am Ortsrand von Iggelbach beim Gasthaus »Zur Waldtante«. Durch die *Hubelgasse* wandern wir durch das steil an den Berghang geschmiegte Dorf hinab, folgen bei der Spitzkehre beim Friedhof kurz der Straße und queren diese bei

einer Wegbucht. Der Wanderweg zieht über dem rechten Ufer des Iggelbaches, der sich ein tiefes Bett gegraben hat, talwärts. An einer Forellenzucht vorbei erreichen wir das *Forsthaus Frechental*, queren den Fahrweg und wandern weiter durch das Tal bis zum *Naturbadeweiher Helmbach*. Hier bietet sich noch eine der selten gewordenen Gelegenheiten, chlor- und kostenfrei zu baden. Beim *Forsthaus Helmbach* wechseln wir auf die linke Bachseite und wandern den Pfad (gelber Punkt) talabwärts. Bei der Brücke über den Helmbach folgen wir dem nach links ansteigenden Fuhrweg und verlassen diesen nach 150 Metern nach rechts. Steigungsfrei führt der Rad- und Wanderweg (gelbes Kreuz) am Schützenhaus vorbei über *Appenthal* nach Elmstein zurück. Das letzte Wegstück bietet von der Anhöhe aus einen schönen Blick auf die Turmruine einer ehemaligen kurfürstlichen Abtei.

45 Von Trippstadt durch das Karlstal

Verkehrsmöglichkeiten Busverbindung nach Kaiserslautern.
Parkmöglichkeiten In der Ortsmitte an der Karlstalhalle.
Wegmarkierungen Roter Strich bis Oberhammer, rotes Kreuz durch das Karlstal bis kurz nach Haltepunkt Karlstal, gelb-blauer Strich über Stelzenberg und Langensohl nach Trippstadt.
Tourenlänge 16 Kilometer.
Wanderzeit 4 Stunden.

Höhenunterschiede Insgesamt etwa 250 Höhenmeter, kurzer kräftiger Anstieg zwischen Haltepunkt Karlstal und Stelzenberg.
Wanderkarte 1:25 000 Kaiserslautern-Süd.
Wissenswertes *Trippstadt* ist anerkannter Luftkurort und verfügt über eine Vielzahl von Erholungseinrichtungen. Die Wanderung führt über die Kernstrecke des Trippstadter Eisenhütten- und Köhlereiweges (1999 fertiggestellt).

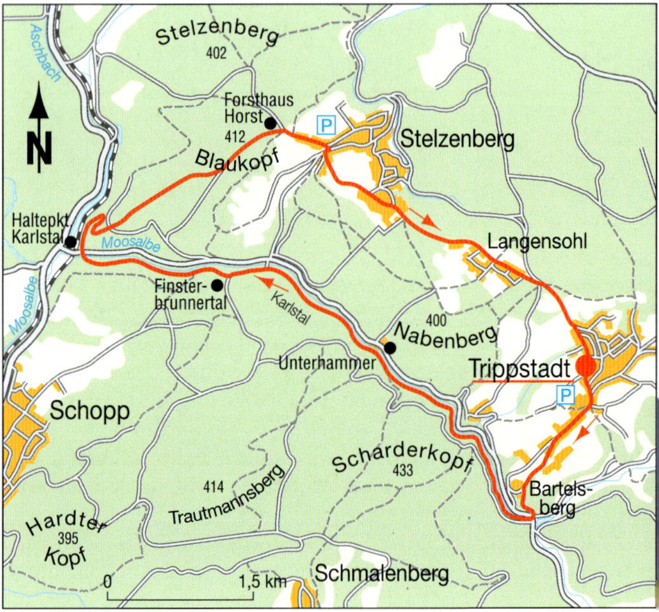

Tourenbeschreibung Mit der Markierung roter Strich wandern wir ab Ortsmitte die Hauptstraße abwärts und verlassen Trippstadt am Ortsrand nach links durch die Schanzstraße. Durch einen schmalen Schlupf geht es hinab zum Talgrund beim *Oberhammer*. Wir wenden uns nach rechts, folgen etwa 200 Meter der Straße und entdecken bei der Straßengabelung das rote Kreuz, das über Treppen zum Bett der Moosalbe hinabführt. Das folgende Wegstück durch die *Karlsschlucht* ist sicher eine der romantischsten Wegpartien im Pfälzerwald. Das sich später allmählich weitende Tal führt an der Klugschen Mühle und an Forellenteichen vorbei zum stattlichen Naturfreundehaus am Eintritt des Finsterbrunnertals. Wir wandern weiter talwärts, bis uns die Markierung zum rechten Talrand und zum ehemaligen Haltepunkt Karlstal

Trippstadt, origineller Wegweiser zum Finsterbrunnertal (© Heinz R. Wittner)

hinüberführt. Etwa 200 Meter begleiten wir den Schienenstrang, dann vertrauen wir uns der Markierung gelb-blauer Strich an, die nach rechts abzweigt und den kurzen Anstieg nach Stelzenberg anzeigt. Beim *Forsthaus Horst* erreichen wir die Hochfläche und gleich darauf den gleichnamigen Wanderparkplatz. Wir wenden uns nach rechts und wandern über den Römerweg an beneidenswerten Wohnlagen vorbei nach *Langensohl* und zurück nach Trippstadt.

46 Von Hofstätten zur Burgruine Gräfenstein und zum Luitpoldturm

Verkehrsmöglichkeiten Hofstätten liegt nahe der Bundesstraße 48, die bei Rinnthal, nordwestlich von Annweiler, von der B 10 abzweigt und über Johanniskreuz nach Kaiserslautern führt. Hofstätten ist mit öffentlichen Verkehrsmitteln nur schwer zu erreichen, da nur eine dünne, auf den Berufsverkehr bezogene Busverbindung nach Annweiler besteht.
Parkmöglichkeiten In der Ortsmitte von Hofstätten.
Wegmarkierungen Gelber Strich bis Einmündung in Wanderweg mit grünem Kreuz, grünes Kreuz bis zur Ruine Gräfenstein, ab Parkplatz unterhalb der Ruine mit blau-weißem Strich in Richtung Hermersbergerhof, 500 Meter vor Luitpoldturm Einmündung in Weg mit blauem Kreuz, mit diesem zum Turm und

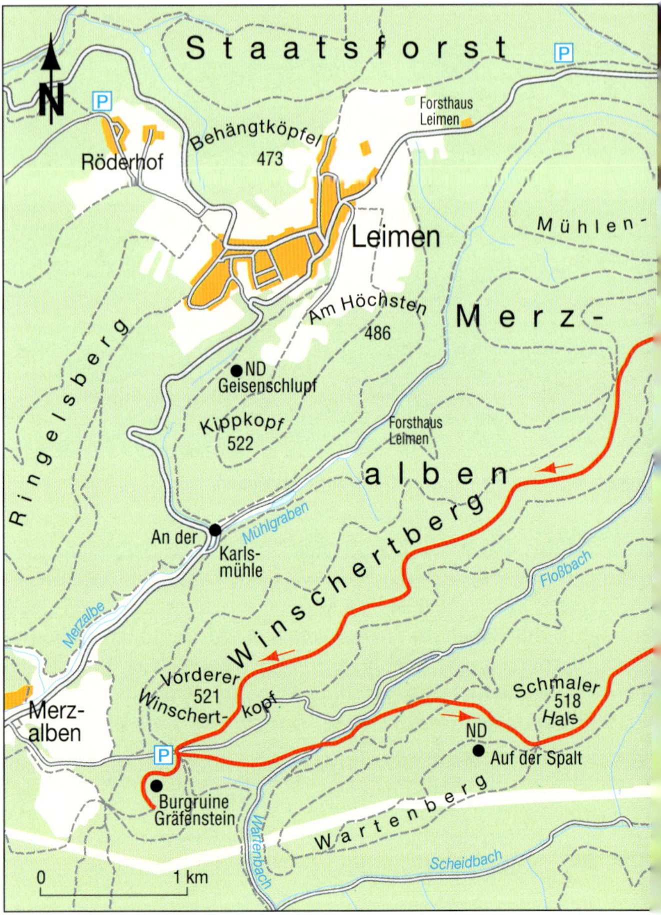

kurz weiter zum Holländer Klotz, hier Fahrstraße queren und mi blau-rotem Strich zurück nach Hofstätten.

Tourenlänge 23 Kilometer.

Wanderzeit 6 1/2 Stunden.

Höhenunterschiede Insgesamt etwa 500 Höhenmeter, Anstie von etwa 150 Höhenmetern ab Hofstätten, dann langgezogene Abstieg zur Ruine Gräfenstein. Vom Talgrund anhaltende Anstieg bis zum Luitpoldturm.

Wanderkarte 1:25 000 Hauenstein und Umgebung.

Wissenswertes Der *Hermersbergerhof* ist die höchstgelegen Siedlung im Pfälzerwald. Trotz der vergleichsweise geringen Höh

(546 m) entwickelte sich hier ein kleines Wintersportzentrum. Gute Wegmarkierungen in der weiteren Umgebung bezeichnen die Zufahrt. – *Burg Gräfenstein* wurde im 12. Jahrhundert durch die Grafen zu Leiningen erbaut. Nach der Zerstörung im Bauernkrieg (1525) erfolgte der Wiederaufbau bis 1550. Die Oberburg ist eine unregelmäßige Vieleckanlage mit hoher Ringmauer. Die Burg (auch Merzalber Schloß genannt) gilt als eine der stattlichsten Burgruinen der Pfalz. Die Aussicht vom Luitpoldturm ist umfassend und reicht vom Donnersberg im Norden bis zu den Vogesen und zum Schwarzwald. Der Turm ist im Besitz des Pfälzerwaldvereins und wurde schon im Jahre 1909 erbaut.

Anmerkung Während der langen Rundwanderung besteht keine Einkehrmöglichkeit.

Hofstätten (© Heinz R. Wittner)

Tourenbeschreibung Die Rundwanderung beginnt in der Mitte des kleinen Dorfes *Hofstätten* und steigt durch die Hohlstraße sofort recht steil an. Am Ende eines Hohlweges ist genau auf die etwas zurück versetzte Wegmarkierung zu achten, denn der Wanderpfad verlässt den Hauptweg nach rechts. Auf schönem Waldweg geht es bergan bis zur Einmündung in einen breiten Fahrweg, dem wir nach rechts folgen (Wegweiser in Richtung Johanniskreuz). Nach einer guten Wanderstunde auf fast gleichbleibender Höhe erreichen wir eine markante Wegkreuzung (Wegweiser Johanniskreuz 7,5 km). Wir biegen links ab (Wegweiser Ruine Gräfenstein 8 km) und folgen der Markierung grünes Kreuz. Der folgende Wegabschnitt führt durch ständig wechselnde Waldbilder in einer ursprünglichen Landschaft. Die Markierung ist lückenlos, erfordert aber einige Aufmerksamkeit, weil der Fußpfad mehrmals den Hauptweg verlässt und unvermittelt abknickt. Der lange Abstieg mündet am Fuße der *Burgruine Gräfenstein* beim Parkplatz aus. Hier weist eine Wegtafel (Hermersbergerhof 7,5 km) hinab zu nahem Talgrund, den wir in Höhe eines zerfallenen Rastplatzes queren. Mit der Markierung blau-weißer Strich geht es nun stetig aber nie sehr steil zum Punkt *Spalt* (Gedenkstein, Sitzbänke). Weiter entlang des Berghanges zieht der Wanderpfad durch ein Blockmeer bergan zum *Luitpoldplatz*, der sich bereits in

Sichtweite des Turmes befindet. – Trotz der langen Wanderstrecke sollte man die 182 Stufen des Aufstiegs auf den *Luitpoldturm* noch bewältigen.

Unser Weiterweg folgt kurz dem Fahrsträßchen zum *Holländer Klotz*. Der Steinbrocken erinnert daran, daß nicht nur die Schwarzwaldtannen, sondern auch die wertvollen Eichen des Pfälzerwaldes nach Holland verkauft wurden. Wir queren hier den Fahrweg nach rechts und münden wenig später in den Weg ein, auf dem wir unsere Rundwanderung ab Hofstätten angetreten haben.

47 Von Iggelbach zur Hornesselwiese und zum Badeplatz am Geisbachweiher

Verkehrsmöglichkeiten Busverbindung nach Neustadt an der Weinstraße.
Parkmöglichkeiten In der Ortsmitte von Iggelbach.
Wegmarkierungen Gelb-grünes Kreuz bis Forsthaus Frechental, gelber Punkt bis Hornesselwiese, dem Fahrsträßchen entlang zum Geisbachweiher, mit örtlicher Wegmarkierung »3« zurück nach Iggelbach.
Tourenlänge 12 Kilometer.
Wanderzeit 3 Stunden.
Höhenunterschiede Insgesamt etwa 200 Höhenmeter. Anstieg zwischen Geisbachweiher und Iggelbach.

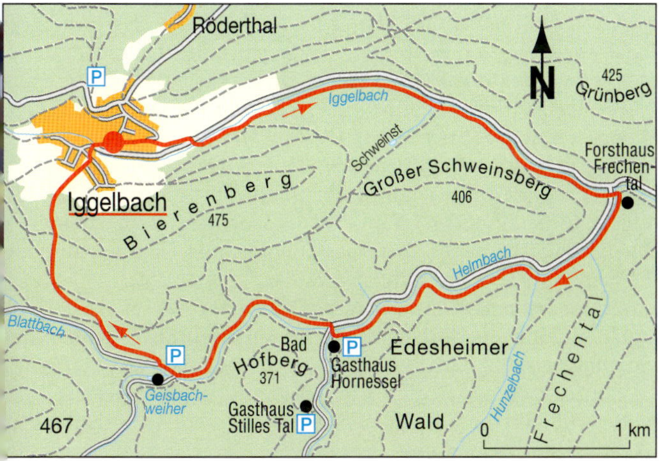

Wanderkarte 1:25 000 Lambrecht–Elmstein.
Anmerkung In der Ortsmitte von Iggelbach verweist eine Informationstafel auf fünf Rundwanderwege zwischen 1½ und 2 Stunden. Der Geisbachweiher bietet Badegelegenheit. Der Wandervorschlag kann auch zu einer ausgedehnten Rundtour über Gasthaus Taubensuhl ausgedehnt werden (siehe Anhang an Tourenbeschreibung).

(© Ulrich Schnabel)

Tourenbeschreibung Beim Friedhof von Iggelbach folgen wir einige Schritte der Straße, bis die Markierung gelb-grünes Kreuz den Talgrund quert und über dem rechten Ufer des Iggelbachs talabwärts bis zum *Forsthaus Frechental* führt. Hier übernimmt der gelbe Punkt die Führung und geleitet uns auf schönem Waldpfad und an Fischweihern vorbei bis zum *Gasthaus Hornesselwiese*. Auf dem Fahrsträßchen (beschildert zum Geisbachweiher) erreichen wir den idyllischen Badeplatz *Geisbachweiher* (Rast- und Grillplatz). An schönen Sommertagen – wenn man nicht einen Ferien-Sonntag wählt – ist es hier meist sehr ruhig. Der kleine Badesee bietet allerdings einen echten Kontrast zu überheizten Hallenbädern, denn das Wasser ist recht frisch.

Direkt beim See entdecken wir einen Wegweiser nach Iggelbach und folgen der örtlichen Wegmarkierung »3« über den Schuhnagelskopf nach Iggelbach.

Erweiterungsvorschlag: Ab Gasthaus Hornesselwiese mit gelbem Punkt zum *Gasthaus Stilles Tal* und in anhaltendem Anstieg zum Taubensuhl.

Zurück mit blauem Strich über den *Geißkopf* zur Hornesselwiese bzw. zum Geisbachweiher.

Die zusätzliche Wanderstrecke ist 11 Kilometer lang und erfordert eine Wanderzeit von etwa drei Stunden, da eine kräftige Steigung bis Taubensuhl zu überwinden ist. Die reizvolle und sehr ruhige Waldwanderung kann auch als Rundweg ab Hornesselwiese (Parkplatz) angetreten werden.

Annweiler Forsthaus, ein beliebtes Ausflugsziel (© Heinz R. Wittner)

48 Von Hofstätten zum Annweiler Forsthaus und über den Hermersbergerhof zum Luitpoldturm

Verkehrsmöglichkeiten Hofstätten liegt nahe der Bundesstraße 48, die bei Rinnthal, nordwestlich von Annweiler, von der B 10 abzweigt und über Johanniskreuz nach Kaiserslautern führt. Hofstätten ist mit öffentlichen Verkehrsmitteln nur schwer zu erreichen, da nur eine dünne, auf den Berufsverkehr bezogene Busverbindung nach Annweiler besteht.
Parkmöglichkeiten In der Ortsmitte von Hofstätten.
Wegmarkierungen Blau-gelber Strich über Annweiler Forsthaus bis zur Einmündung in Wanderweg mit blau-weißem Strich am Kaltenbach. Mit diesem Zeichen über Hermersbergerhof bis zum Wanderweg mit blauem Kreuz, damit zum Luitpoldturm und zum Holländer Klotz. Ab der nächsten bezeichneten Gabelung blau-roter Strich bis Hofstätten.

Tourenlänge 18 Kilometer.
Wanderzeit 4½ Stunden.
Höhenunterschiede Insgesamt etwa 500 Höhenmeter, kräftiger Anstieg ab Wegkreuzung am Kaltenbach (224 m) über die Hahnenhütte zum Hermersbergerhof (550 m).
Wanderkarte 1:25 000 Hauenstein und Umgebung.
Wissenswertes Der kleine Weiler *Hofstatten* (190 Einwohner) liegt abgeschieden und ohne Durchgangsverkehr in schöner Umgebung.

Hermersbergerhof und *Luitpoldturm* siehe Tour 46.

Anmerkung Der Luitpoldturm kann auch wie folgt mit PKW angefahren werden: Ab Hermersbergerhof und ab Abzweig von der Straße Johanniskreuz–Leimen.

Tourenbeschreibung In dem kleinen Ort *Hofstätten* bieten einige Gaststätten Einkehrmöglichkeit. Direkt beim Gasthaus *Altes Forsthaus* entdecken wir die Wegmarkierung blau-gelber Strich, die uns kurz bergan geleitet und dann den Weiterweg zum *Annweiler Forsthaus* anzeigt (2,5 km). Beim bewirtschafteten Forsthaus bietet sich auch eine Grillgelegenheit an, während Kinder auf dem Spielgelände ihre Beschäftigung finden.

Mit gleicher Markierung wandern wir auf dem Forststräßchen talwärts, bis unser Wanderweg den Hauptweg nach rechts verläßt. Wir folgen einem schmalen Wasserlauf bis zur Einmündung in den Kaltenbach, vertrauen ab dort dem Wegweiser blau-weißer Strich und steigen zur *Hahnenhütte* an. Der Weiterweg zieht hinauf zum *Hermersbergerhof* mit seinen Wintersport- und Einkehrmöglichkeiten. Wir folgen noch für etwa 15 Minuten dem vertrauten Wegzeichen, wandern dann aber mit dem blauen Kreuz hinauf zum *Luitpoldturm* und genießen die umfassende Rundsicht. Bald darauf ist der *Holländer Klotz* erreicht. Hier queren wir das schmale Fahrsträßchen und kommen mit dem blau-roten Strich nach Hofstätten zurück.

49 Von Johanniskreuz zum Aussichtsturm auf dem Eschkopf und nach Erlenbach

Verkehrsmöglichkeiten Beim Johanniskreuz treffen zwar zahlreiche Fahrstraßen zusammen, mit öffentlichen Verkehrsmitteln ist das »Herz des Pfälzerwaldes« jedoch nur aus Richtung Neustadt an der Weinstraße regelmäßig zu erreichen.
Parkmöglichkeiten Großer Wanderparkplatz in Höhe der beiden Hotels.
Wegmarkierungen Rotes Kreuz zum Eschkopf, mit gelb-rotem Strich bis zur Fahrstraße in Richtung Iggelbach, Straße queren und mit blau-gelbem Strich nach Erlenbach, grün-gelbes Kreuz bis Johanniskreuz.
Tourenlänge 11 Kilometer.
Wanderzeit 3 Stunden.
Höhenunterschiede Insgesamt etwa 350 Höhenmeter, leichter Anstieg zum Eschkopf, kurzer kräftiger Anstieg zum Schluß der Rundwanderung zwischen Erlenbach und Johanniskreuz.

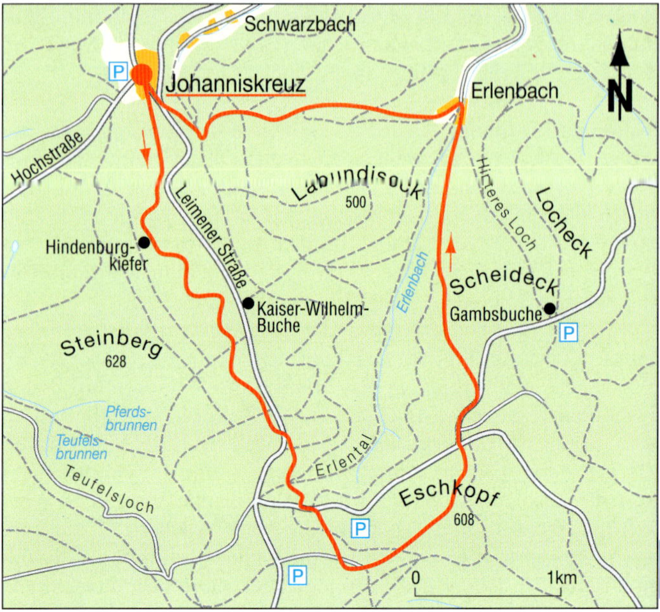

Wanderkarte 1:25000 Waldfischbach-Burgalben – Rodalben, 1:25 000 Kaiserslautern Süd.

Wissenswertes Johanniskreuz siehe Nr. 42. Der Eschkopf ist mit 608 Metern der höchste Punkt im weiten Umkreis von Johanniskreuz. Der Turm ist ständig geöffnet, er wurde im Jahre 1902 zur Landesvermessung errichtet. Der Name Eschkopf (im Volksmund »Äscherkopp«) weist auf die frühere Gewinnung von Pottasche hin.

Anmerkung Beim Wanderparkplatz Johanniskreuz bietet eine Informationstafel des Pfälzerwald-Vereins zehn bezeichnete Rundwege zwischen 2 und 10 Kilometern Länge an.

Tourenbeschreibung Am Ende des Wanderparkplatzes, dort wo die Straßen ins Elmsteiner Tal und in Richtung Annweiler die Hochfläche beim Johanniskreuz verlassen, beginnt unser Rundweg. Durch lichtes Altholz und an alten Grenzsteinen vorbei folgen wir der Markierung rotes Kreuz. Durch Wegneubauten sind hier kleine Veränderungen möglich, doch ist die Markierung lückenlos. Der Wanderweg hält sich parallel zur Straße, folgt ihr für ein kurzes Stück direkt und quert sie zweimal. Ein leichter Anstieg schließt sich an und erreicht den Aussichtsturm auf dem

Eschkopf. Genau 98 Stufen führen hinauf zur Turmkrone mit ihrem kecken Balkon. Aus dem Turm tretend wenden wir uns nach halblinks, queren mit der gelb-roten Strichmarkierung die Fahrstraße in Richtung Hofstätten und müssen bei der nächsten Straßenquerung genau auf die Markierung achten (gelb-blauer Strich), die etwas unauffällig angebracht ist und den Abstieg nach Erlenbach anzeigt. Vor Erreichen der Häusergruppe von *Erlenbach* erreichen wir einen Weiher, bei dem sich die Wanderwege gabeln (Wegweiser Iggelbach 6 km, Speyerbrunn 2 km). Wir gehen noch wenige Schritte geradeaus und biegen zwischen den wenigen Gebäuden links ab (grün-gelbes Kreuz). Nun folgt ein stellenweise steiler Anstieg, der nach etwa 30 Minuten den Hauptweg nach rechts verlässt. Fast parallel zur Straße gehen wir nach rechts und sind nach wenigen Minuten am Parkplatz Johanniskreuz.

50 Von Johanniskreuz durch das Tal der Burgalb (auch Schwarzbach genannt) nach Leimen

Verkehrsmöglichkeiten Beim Johanniskreuz treffen zwar zahlreiche Fahrstraßen zusammen, mit öffentlichen Verkehrsmitteln ist das »Herz des Pfälzerwaldes« jedoch nur schwer zu erreichen.
Parkmöglichkeiten Großer Wanderparkplatz bei den beiden Hotels.
Wegmarkierung Weißes Kreuz bis Leimen, gelber Strich bis zur Fahrstraße Leimen–Johanniskreuz, weißer Punkt sowie blaues und grünes Kreuz bis Johanniskreuz.
Tourenlänge 20 Kilometer, bei Abkürzung 14 Kilometer.
Wanderzeit 5 Stunden, bei Abkürzung 3½ Stunden.
Höhenunterschiede Insgesamt etwa 300 Höhenmeter.
Wanderkarte 1:25 000 Waldfischbach-Burgalben-Rodalben.
Anmerkung Rucksackvesper ist zu empfehlen, da nur in Leimen (zwei Kilometer Wegstrecke zusätzlich) Einkehrmöglichkeit besteht.

Tourenbeschreibung Unsere Rundwanderung beginnt beim Wanderparkplatz Johanniskreuz am Waldrand, wo die Straßen in Richtung Elmsteiner Tal und Annweiler die Hochfläche verlassen. Die Markierung weißes Kreuz führt an mächtigen Holzlagern vorbei. Nach 20 Minuten Gehzeit gabeln sich die Wanderwege (gelbes Kreuz weist zur Hundsweihersägmühle 12 km). Wir bleiben jedoch im Talgrund und kommen zum *Burgalbursprung.* Glasklares Wasser schießt hier aus dem Quellweiher in einen Steintrog

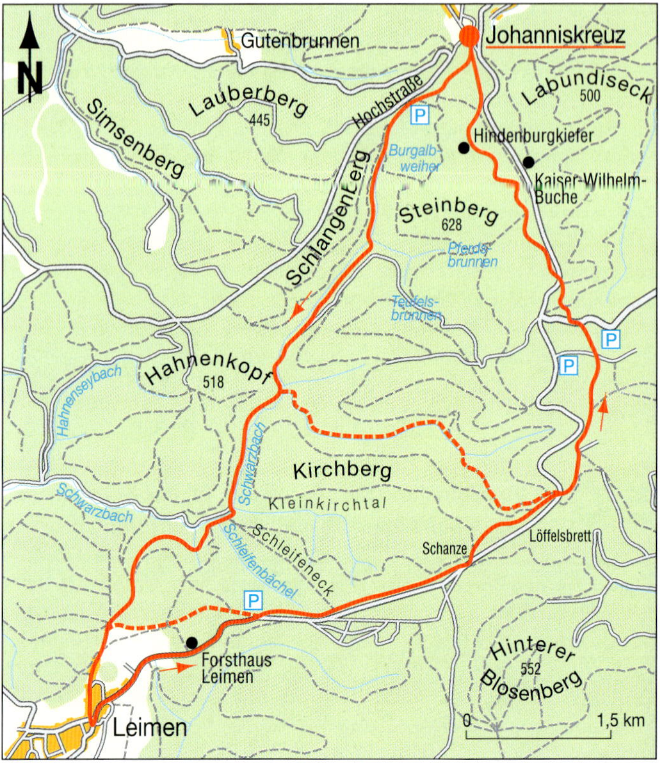

mit schönem Girlandenschmuck, der aus dem Trippstadter Schloß hierher in die Waldeinsamkeit versetzt wurde. Wir folgen dem Bachlauf (ab hier Schwarzbach genannt) und passieren alte Holzkohlen-Brennöfen (Informationstafel zur »Spurensuche«, siehe Wandervorschlag Nr. 42).

Wenige Minuten später bietet sich bei einem kleinen Weiher eine empfehlenswerte Abkürzung an. Wir folgen nach links dem gelb-roten Strich durch das stille Großkirchtal. Bald ist genau auf die Markierung zu achten, denn der Wanderpfad biegt nach rechts vom Hauptweg ab. An der Fahrstraße Leimen–Johanniskreuz (B 48) münden wir in den vielfach markierten Weg zum Johanniskreuz ein.

Wer jedoch weiter dem Schwarzbachtal folgend in Richtung Leimen wandert, wechselt unterhalb des Pferdbrunnen-Weihers auf die linke Talseite. Ein Wegweiser nach Leimen zeigt noch 3 Kilometer an, die einen kräftigen Anstieg durch ein Blockmeer

Die drei namengebenden Johanniskreuze bei Johanniskreuz (© Heinz R. Wittner)

bescheren. Beim Sportplatz münden wir in den mit gelbem Strich bezeichneten Weg ein (Wegweiser Hofstätten 5,9 km). Wir folgen diesem Wegweiser bis zur Straße Leimen–Johanniskreuz und bleiben auf dem schmalen Fußpfad links der Straße. An einem Stromhäuschen taucht dann die Markierung blaues und grünes Kreuz auf, die den unfehlbaren Rückweg nach Johanniskreuz anzeigt und parallel mit der empfohlenen Abkürzung verläuft. Bei schönem Wetter lohnt sich der kurze und gut bezeichnete Abstecher zum Aussichtsturm auf dem Eschkopf.

51 Von Johanniskreuz über den Weiherfelderhof nach Trippstadt

Verkehrsmöglichkeiten Busverbindung nach Neustadt an der Weinstraße.
Parkmöglichkeiten Großer Wanderparkplatz in Höhe der beiden Hotels.
Wegmarkierungen Blaues Kreuz bis Weiherfelderhof, roter Strich nach Trippstadt, gelb-grünes Kreuz nach Johanniskreuz.
Tourenlänge 21 Kilometer.
Wanderzeit 5 Stunden.

Höhenunterschiede Insgesamt etwa 250 Höhenmeter, kurzer kräftiger Anstieg zwischen Trippstadt und Johanniskreuz.
Wanderkarte 1:25 000 Kaiserslautern-Süd.

Tourenbeschreibung Unser mit dem blauen Kreuz bezeichneter Wanderweg tritt als schmaler Pfad dort in den Wald ein, wo auch die Bundesstraße 48 in Richtung Bad Kreuznach (Straßenschild) die freie Hochfläche um Johanniskreuz verläßt. Vor den Toren des *Anthonihof* stoßen wir wieder auf Wegtafeln der »Spurensuche« (siehe Wanderung Nr. 42) und queren beim Wanderparkplatz *Am Hirschsprung* noch einmal die Fahrtstraße (Wandertafel in Richtung Kaiserslautern). Die folgende Wegstrecke berührt keine besonderen touristischen Höhepunkte und führt als ruhige Waldwanderung bis zu den Pferdekoppeln des Reiterhofes, wobei das letzte Wegstück steil bergab führt. Direkt am Waldrand, also noch vor Erreichen der Fahrstraße, wenden wir uns nach links (roter

Strich) und queren bald darauf die Fahrstraße (Wandertafel Trippstadt 5,5 km). Durch das *Hirschsprungtal* kommen wir zum *Candidusbrunnen* und erreichen den gastlichen Luftkurort *Trippstadt* über die Höhenstraße. In der Ortsmitte (große Informationstafel mit Rundwegempfehlungen) finden wir am Beginn der Heidenkopfstraße das gelb-grüne Kreuz (Wegtafel Johanniskreuz 6 km). Es führt hinab zu einem flachen Talgrund und über den Johanniskreuzer Weg und Trippstadter Weg zurück zum Startpunkt *Johanniskreuz*.

Die »Pfälzisch Weltachs«, Zeugnis pfälzischer Bescheidenheit (© Heinz R. Wittner)

52 Ein Spaziergang zur Pfälzer Weltachs

Falsche Bescheidenheit ist dem Pfälzer fremd, und er sieht seine liebenswerte Heimat gerne als den Nabel der Welt. Und wo liegt wiederum der Mittelpunkt der Pfalz? Nahe bei Johanniskreuz, das ja als Zentrum des Pfälzerwaldes gilt und genau dort, wo die Weltachs aus dem Boden ragt.

Man fährt von Johanniskreuz auf der Bundesstraße 48 bis zum Abzweig der Straße nach Waldleiningen und stellt das Fahrzeug am Parkplatz »Am Stall« ab. Bei der Bucht in Höhe der Tafel »Wildwechsel« findet sich die Wegmarkierung »10« und der Hinweis »Zur Weltachs 15 min«. Nach leichtem Anstieg zum Kleinen

Roßrück (459 m) ist der kleine Felsentisch erreicht, der den Ruf genießt, topographischer Mittelpunkt der Pfalz zu sein. Er trägt einen »Niveaustein«, der für Höhenbestimmungen und kartographische Geländeaufnahmen dient. Ein Gedicht des Pfälzer Heimatpoeten P. Münch gibt dem Ort seinen Namen und verweist darauf, daß die Pfälzer dazu auserkoren sind, die Weltachse zu schmieren.

»Do werd die Weltachs ingeschmeert und ufgebaßt, daß nix passeert.«

Der Rückweg dieses Spazierganges folgt der Wegmarkierung »1«, berührt noch einmal die Fahrstraße und zieht in engem Kreis um den Kleinen Roßrück zum Ausgangspunkt zurück.

Der kleine Rundweg nimmt eine knappe Wanderstunde in Anspruch und überwindet knappe 100 Höhenmeter. Die Weltachs ist in der Wanderkarte 1:25 000 Kaiserslautern-Süd eingezeichnet.

53 Das Biosphärenhaus in Fischbach bei Dahn

Das Biosphärenreservat Pfälzerwald-Nordvogesen wurde mit dem Ziel eingerichtet, das partnerschaftliche und grenzüberschreitende Zusammenleben von Mensch und Natur zu fördern. Das von der UNESCO anerkannte und unterstützte Projekt hat mit dem Biosphärenhaus in Fischbach seine Schaltzentrale bekommen. Das Biosphärenhaus repräsentierte das Land Rheinland-Pfalz auf der EXPO 2000 und bietet nun für Einzelpersonen und Gruppen ein vielfältiges Programm, auf das eine kurzgefaßte Empfehlung nur in Stichworten eingehen kann.

Der interessant gestaltete Ausstellungsbereich will dazu hinführen, die Natur mit offenen Augen zu erleben. 45 Stationen verlocken zum Beobachten, Experimentieren, Hören und Erfühlen. So kann man an der großen Energiemaschine eigenhändig meßbaren Strom erzeugen, Vogelstimmen bestimmen oder die Welt mit den Augen einer Spinne, einer Eule oder einer Schlange betrachten. Für Gruppen und Schulklassen werden besondere Programme erstellt. Seit Juli 2003 bietet der Baumwipfelpfad mit seiner Riesenrutsche ein besonders abenteuerliches Vergnügen. Es macht nicht nur den Kindern Spaß, auf schwankenden Seilbrücken einen besonderen Nervenkitzel zu erleben. Ein schöner Spielplatz sowie ein interessanter Naturlehrpfad sind weitere neue Attraktionen rund um das Biosphärenhaus. Detaillierte Programme, Angebots- und Terminübersichten erhält man im Biosphärenhaus oder im Internet unter www.biosphaerenhaus.de. Das Haus ist ganzjährig geöffnet.

Biosphärenhaus, Am Königsbruch 1, 66996 Fischbach.

54 Von der Burg Landeck zum Heidenschuh und zur Ruine Schlössel

Verkehrsmöglichkeiten Burg Landeck liegt über Klingenmünster, Zufahrt für Pkw ab Bundesstraße 48 (Weinstraße) in Höhe der Landesklinik (Wegweiser Pfalz-Institut).
Parkmöglichkeiten Direkt bei der Burg Landeck (schmale Zufahrt).
Wegmarkierungen Weißes Dreieck und örtliche »5« und »6« bis zum Fuß des Martinsturms, 300 Meter weiter beim Abzweig Schlössel grünes Dreieck bis Landesklinik, weißer Strich mit schwarzem Punkt bis Burg Landeck.
Tourenlänge 10 Kilometer.
Wanderzeit 2½ Stunden.
Höhenunterschiede Insgesamt etwa 280 Höhenmeter.
Wanderkarte 1:25 000 Bad Bergzabern mit elsässischem Grenzgebiet.
Wissenswertes Die Burg Landeck ist ein geradezu klassisches Beispiel mittelalterlicher Burgenbaukunst. Ein zehn Meter tiefer Halsgraben wird von einer hölzernen Brücke überspannt, dem einzigen Zugang zur Burg. Die Landeck hat den besterhaltenen Bergfried aller pfälzischen Burgen. Ein kleines Burgmuseum zeigt Urkunden, Kleinfunde und Bildtafeln. Der Bergfried ist als Aussichtswarte zugänglich (Burggaststätte, Informationstafel für Rundwege). Der mächtige Felsenwall des Heidenschuh war Sitz einer frühmittelalterlichen Fliehburg. Das Schlössel war vor eini-

gen Jahren noch eine geheimnisvolle, wild überwucherte Ruine. Verbarg sich hier die »Walastede«, die in einer Urkunde Heinrichs IV. aus dem Jahre 1065 erwähnt wurde? Wissenschaftliche Grabungen haben mit dieser Romantik – leider – aufgeräumt und eine Wohnturmburg aus dem 11. Jahrhundert freigelegt, die dem Kloster Klingenmünster zugeordnet wird.

Tourenbeschreibung Gleich beim Parkplatz vor der Burg Landeck führt der lückenlos markierte Wanderweg in den Wald hinein, verläßt aber mehrfach den Hauptweg, was eine gewisse Aufmerksamkeit erfordert. Nach Passieren der *Marthaquelle* folgt ein kurzer aber lohnender Abstecher zum *Martinsturm* (503 m, ständig geöffnet). Nach 300 Metern Rückweg vom Turm folgen wir in Gegenrichtung dem grünen Dreieck über den schmalen Bergrücken des *Heidenschuh*, wo sich am Wendepunkt des Wanderweges ein schöner Blick auf die gegenüberliegende Ruine der Madenburg öffnet.

Der Abstieg führt zur *Ruine Schlössel* und zieht weiter talwärts bis zu den Gebäuden der Landesklinik. Dort befindet sich an der Ecke der Mauer die Wegmarkierung weißer Strich mit schwarzem Punkt, die entlang der schmalen Zufahrtsstraße zur Burg Landeck führt.

55 Von Gleisweiler zur Landauer Hütte und über Neu-Scharfeneck und Drei Buchen zur Trifelsblickhütte

Verkehrsmöglichkeiten Gleisweiler liegt an der Deutschen Weinstraße, etwa in der Mitte zwischen Neustadt und Landau, gute Busverbindungen zu beiden Städten.
Parkmöglichkeiten Wanderparkplatz bei der Friedenseiche. Die Parkplätze beim Sanatorium sind an Wochenenden meist belegt.
Wegmarkierungen Rot-weißer Strich bis Landauer Hütte, Wegweiser zur Ruine Neu-Scharfeneck, weißer Strich mit schwarzem Punkt nach Drei Buchen, blauer Strich zur Trifelsblickhütte, örtliche Wegweiser und »Rotes Reh« nach Gleisweiler.
Tourenlänge 14 Kilometer ohne Anstieg zum Orensfelsen.
Wanderzeit 4 Stunden.
Höhenunterschiede Insgesamt etwa 300 Höhenmeter, Anstieg zwischen Gleisweiler (260 m) und Landauer Hütte (450 m), kurzer Anstieg zwischen Landauer Hütte und Neu-Scharfeneck.
Wanderkarte 1:25 000 Neustadt – Maikammer – Edenkoben – Landau.

Wärmster Ort Deutschlands: Sonnentempel im Kurpark Gleisweiler
(© Heinz R. Wittner)

Wissenswertes Als sich im 19. Jahrhundert in *Gleisweiler* ein internationaler Kur- und Badebetrieb entwickelte, sprach man bereits von einem »pfälzischen Nizza«. Die heutige Fremdenverkehrswerbung verzichtet auf solch großes Wort, aber tatsächlich darf sich das liebenswerte Gleisweiler rühmen, mit das wärmste Klima Deutschlands zu haben. Ein Blick in den herrlichen Park des Privatsanatoriums liefert den Beweis. Hier wachsen Zitronen und Feigen, blühen Palmen und stehen Zypressen, Bambus, Zedern und viele andere Gewächse südlicher Breiten.

Die *Burg Neu-Scharfeneck* entstand im 13. Jahrhundert als Vorburg der Alt-Scharfeneck, wurde im Dreißigjährigen Krieg jedoch endgültig vernichtet. Eine 60 Meter lange Schildmauer läßt noch das Ausmaß der einstigen Anlage ahnen.

Anmerkungen Die empfohlene Rundwanderung läßt sich beliebig erweitern oder abkürzen. Ab Landauer Hütte bietet sich ein

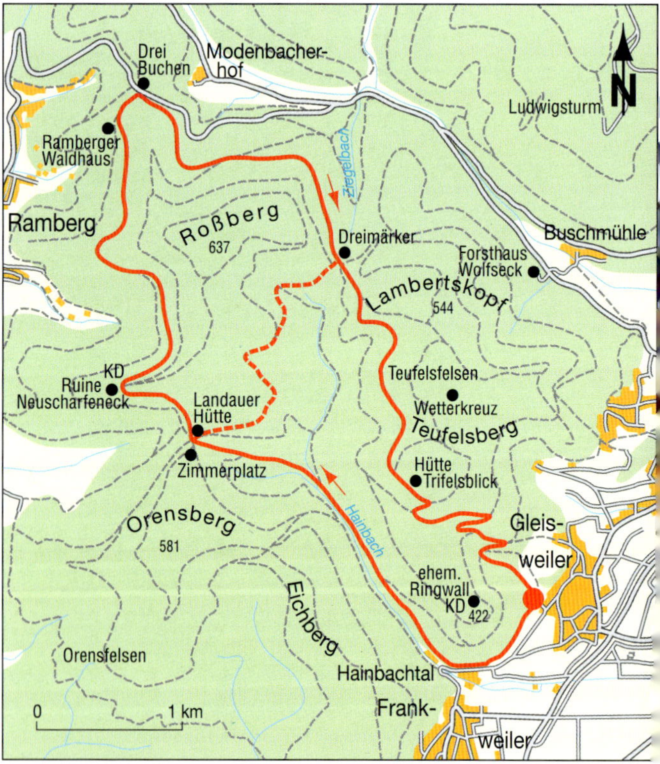

Abstecher zum Orensfelsen an. Hier sind noch deutliche Spuren einer einst 2,5 Kilometer langen Ringmauer sichtbar, die auf eine Gauburg in karolingischer Zeit zurückgeht. Der Aufstieg auf gut bezeichnetem Wanderweg nimmt eine halbe Stunde in Anspruch und wird durch eine großartige Aussicht über die Rheinebene belohnt.

Eine Abkürzung der Wanderung bietet dagegen der direkte Weg von der Landauer Hütte zum Dreimärker.

Tourenbeschreibung Am Ortsrand von Gleisweiler übernimmt die Markierung »Weintraube« kurz die Führung in Richtung Frankweiler. In Höhe der ersten Häuser münden wir in den rot-weiß markierten Wanderweg ein, wenden uns nach rechts und steigen durch das Hainbachtal hinauf zur *Landauer Hütte*, wo in der großen Gartenwirtschaft meist reges Leben herrscht. Ein leichter Anstieg führt weiter zur Ruine *Neu-Scharfeneck*, zu der wir in 15 Minuten seit Landauer Hütte auf gutem Wanderweg hinaufsteigen. Der Weiterweg (Markierung weißer Strich mit schwarzem Punkt) folgt einem für den Pfälzerwald so typischen schmalen Hangweg, der am Ramberger Waldhaus vorbei zum Waldparkplatz *Drei Buchen* (403 m) führt.

Hier folgen wir etwa 50 Meter weit der Straße nach rechts, bis der Wanderweg (Markierung blauer Strich auf gelbem Wegweiser) nach rechts zieht. Beim *Dreimärker* (Felsblock, der die Grenze dreier Markungen anzeigt) steht eine kleine Schutzhütte.

(© Michael Klees)

Wir vertrauen uns weiter der guten Wegbeschilderung zur *Trifelsblickhütte* an. Diese herrlich gelegene Hütte des Pfälzerwald-Vereins macht ihrem Namen alle Ehre.

Der Abstieg nach Gleisweiler ist gut bezeichnet. Etwa 400 Meter unterhalb der Trifelsblickhütte ist jedoch darauf zu achten, daß der mit einem roten Reh bezeichnete Pfad nach rechts vom Hauptweg abzweigt. Er führt über Treppen hinab nach Gleisweiler und mündet direkt beim Wanderparkplatz an der Friedenseiche aus.

56 Vom Schloß Ludwigshöhe zum Schänzelturm und durch das Modenbachtal

Verkehrsmöglichkeiten Schloß Ludwigshöhe liegt drei Kilometer westlich von Edenkoben. Von Mai bis September besteht sonntags eine Busverbindung zwischen Edenkoben und Schloß Ludwigshöhe.
Parkmöglichkeiten Große Parkflächen in der Nähe des Schlosses.
Wegmarkierungen Roter Punkt zum Hüttenbrunnen, rotes Kreuz über Schänzelturm zum Gasthaus Heldenstein, gelb-weißer Strich durch das Modenbachtal, roter Strich und weiße Wegweiser zum Schweizerhaus und zur Ludwigshöhe.
Tourenlänge 20 Kilometer.
Wanderzeit 6 Stunden.
Höhenunterschiede Insgesamt etwa 600 Höhenmeter, davon lassen sich jedoch 220 Höhenmeter bequem mit Hilfe der Rietburgbahn überwinden (siehe Anmerkung). Anstieg vom Hüttenbrunnen zum Schänzelturm (260 Höhenmeter) und aus dem Modenbachtal zum Schweizerhaus (etwa 100 Höhenmeter).
Wanderkarte 1:25 000 Neustadt – Maikammer – Edenkoben – Landau.
Wissenswertes Das *Schloß Ludwigshöhe* wurde in der Mitte des 19. Jahrhunderts für Ludwig I. von Bayern erbaut. Das klassizistische Bauwerk diente als bayrische Sommerresidenz. Eine ständige Kunstausstellung im Schloß zeigt Werke des Malers Max Slevogt, der auf dem nach ihm benannten Slevogthof (siehe Tour 37) lebte und arbeitete. In unmittelbarer Nähe befindet sich die Sportschule des Landes Rheinland-Pfalz.

Die *Rietburg* wird aus gutem Grund auch als die »Aussichtsterrasse der Deutschen Weinstraße« gepriesen. Von der ehemaligen Burganlage, deren Entstehung auf das frühe 12. Jahrhundert datiert wird, ist noch die Ringmauer erhalten.

Schänzelturm auf dem Steigerkopf (© Heinz R. Wittner)

Der *Schänzelturm* ist trotz seiner geringen Höhe eine einzigartige Aussichtswarte. Er steht inmitten des Kampfgebietes von 1794/95. Zahlreiche Schanzen und Gedenksteine erinnern an die kriegerischen Auseinandersetzungen. Historisch interessierten Wanderfreunden steht eine Broschüre über die Kämpfe zur Verfügung (u. a. erhältlich im Gasthaus Heldenstein).

Anmerkungen Die Rietburgbahn überwindet auf 560 Metern Länge einen Höhenunterschied von 220 Metern und erspart die Mühen des Anstiegs.

Der Fußweg beginnt beim Schloß Ludwigshöhe.

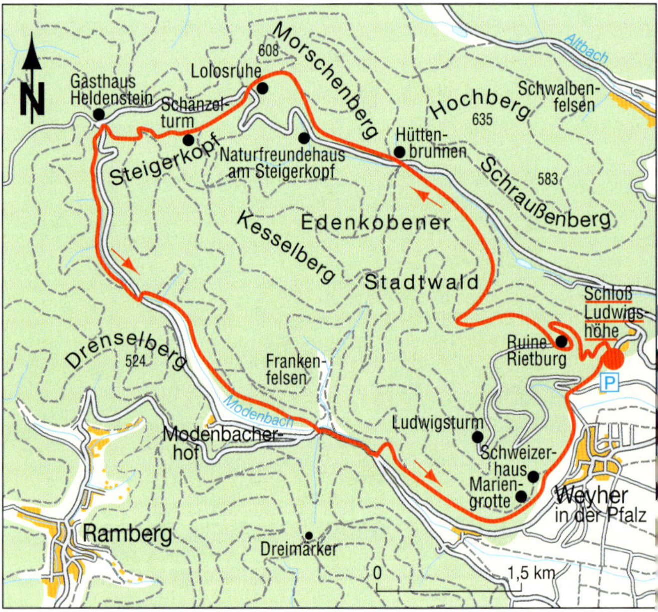

Tourenbeschreibung Beim Wildgehege an der Bergstation treffen wir auf die Wegmarkierung roter Punkt. Der Wanderpfad verläßt gleich den Hauptweg nach rechts (Markierung beachten!), folgt ihm zunächst parallel und zieht dann allmählich talwärts. Immer wieder zeigt sich ein schöner Blick über das Edenkobener Tal und hinaus auf die Rheinebene.

Nach 50 Minuten erreichen wir den *Hüttenbrunnen* (Gaststätte des Pfälzerwald-Vereins, Parkplatz). Mit dem roten Kreuz steigen wir in anhaltender aber angenehmer Steigung über die *Engels-*

leiter hinauf zur *Lolosruhe* (574 m, Parkplatz, vier Rundwanderwege zwischen 1,5 und 5,5 km).

Vorbei an den »5 Steinen« wandern wir – weiter dem roten Kreuz folgend – hinüber zum *Schänzelturm*. Der Abstieg zum *Gasthaus Heldenstein* führt an den Erinnerungssteinen der einzelnen Regimenter vorbei.

Der Rückweg durch das Modenbachtal beginnt direkt unterhalb des Gasthauses und ist mit gelb-weißem Strich bezeichnet. Nach etwa zwei Kilometern (häufig morastiger Talgrund, Markierung beachten!) queren wir das Tal und halten uns nun an die örtlichen Markierungen zum *Schweizerhaus* (bewirtschaftet). Das letzte Wegstück führt oberhalb eines Sportplatzes vorbei und direkt zum Parkplatz beim Schloß Ludwigshöhe zurück.

57 Vom Schloß Ludwigshöhe zum Ludwigsturm und zum Schweizerhaus

Verkehrsmöglichkeiten Schloß Ludwigshöhe liegt drei Kilometer westlich von Edenkoben. Sonntags besteht von Mai bis September eine Busverbindung zwischen Edenkoben und Schloß Ludwigshöhe.

Parkmöglichkeiten große Parkflächen in der Nähe von Schloß Ludwigshöhe.

Wegmarkierungen Blau-gelber Strich bis Ludwigsturm, örtliche Wegweiser zum Schweizerhaus, roter Strich zur Ludwigshöhe.

Tourenlänge 8 Kilometer. **Wanderzeit** 2 Stunden.

Höhenunterschiede Kein nennenswerter Anstieg, wenn die Rietburgbahn benutzt wird, etwa 250 Höhenmeter Abstieg ab Ludwigsturm.

Wanderkarte 1:25 000 Neustadt – Maikammer – Edenkoben – Landau.

Wissenswertes Schloß Ludwigshöhe und Rietburg siehe Nr. 56.

Anmerkung Die kleine Rundwanderung bietet eine kürzere Variante zu Tour 56.

Tourenbeschreibung Direkt bei der Aussichtsterrasse der Höhengaststätte an der Bergstation entdecken wir das blau-gelbe Wanderzeichen. Es führt uns an einem Parkplatz vorbei, leitet nach rechts vom Fahrweg ab und bringt uns in 30 Minuten seit Rietburg zum *Ludwigsturm*. Der Turm wurde 1883 vom Verschönerungsverein Edenkoben errichtet.

Der zum Schweizerhaus bezeichnete Abstieg ist anfangs etwas steinig und unbequem, führt aber später als schöner Hangpfad in

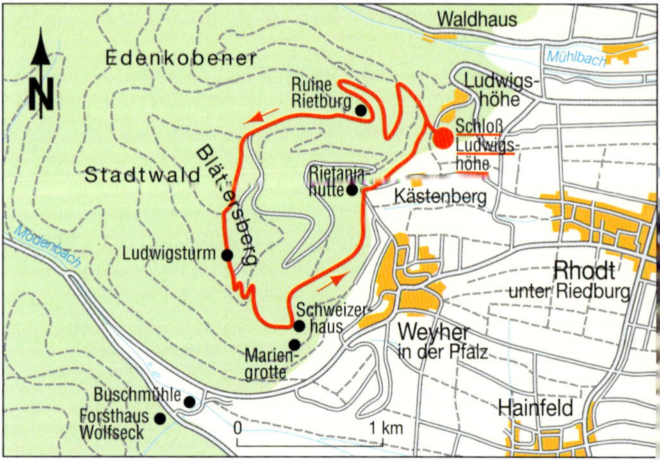

Serpentinen abwärts. Nach 40 Minuten seit Ludwigsturm ist das bewirtschaftete *Schweizerhaus* erreicht. Mit der Markierung roter Strich wandern wir am Hang entlang auf bequemem Weg zum Schloß Ludwigshöhe zurück.

58 Von Burrweiler zur St.-Anna-Kapelle und ins Modenbachtal

Verkehrsmöglichkeiten Burrweiler liegt an der Deutschen Weinstraße zwischen Bad Bergzabern und Neustadt. Busverbindung nach Neustadt und Landau (Weinstraßenverkehr).
Parkmöglichkeiten In der Ortsmitte von Burrweiler.
Wegmarkierungen Blauer Strich bis Annahütte, weißer Punkt bis Dreimärker, mit blau-weißem Strich ins Modenbachtal, gelb-weißer Strich bis Burrweiler.
Tourenlänge 10 Kilometer.
Wanderzeit 2½ Stunden.
Höhenunterschiede Insgesamt etwa 300 Höhenmeter, anhaltender Anstieg zu Beginn der Wanderung stellenweise steiler Abstieg vom Dreimärker ins Modenbachtal.
Wanderkarte 1:25 000 Neustadt – Maikammer – Edenkoben – Landau.
Wissenswertes *Burrweiler* ist eines der malerischen Winzerdörfer an der Weinstraße. Sehenswert ist die alte Kirche mit Grabmalen aus dem 17. Jahrhundert, weithin bekannt ist auch die traditionsreiche Gastronomie des alten Weindorfes.

Die Wallfahrtskapelle St. Anna beherrscht die Höhe über Burrweiler. Das heutige Bauwerk geht auf das Jahr 1896 zurück, der Platz war aber vielleicht schon eine heidnische Kultstätte.

Anmerkungen Lohnend ist ein Abstecher von der Annakapelle zum Teufelsfelsen und Bischofskreuz.

Der Pfad ist zwar nicht als Wanderweg bezeichnet, doch kann man kaum fehlgehen, wenn von der Kapelle aus einfach zur höchsten Erhebung des Teufelsbergs angestiegen wird.

Tourenbeschreibung Wir überschreiten die meist stark befahrene Weinstraße in der Ortsmitte von Burrweiler und folgen der Wegmarkierung blauer Strich, die dem kaum belasteten Fahrsträßchen folgt, das zum *Weingut St. Anna* hinaufzieht. Der Weg ist in 15 Minuten zu bewältigen, kann sich aber in der Zeit der Brombeerreife wesentlich verlängern, weil die Beeren geradezu verlockend über dem Weg hängen. Weinliebhaber, die den Rebensaft gerne an Ort und Stelle verkosten, werden vielleicht beim Gutsausschank St. Anna schon die erste Rast einlegen wollen. Unser weiterer Anstieg folgt weiter dem Wegzeichen blauer Strich, steigt weiter durch den Wald und erreicht bald die *St.-Anna-Kapelle* (Abstecher siehe Anmerkung). Ganz in der Nähe

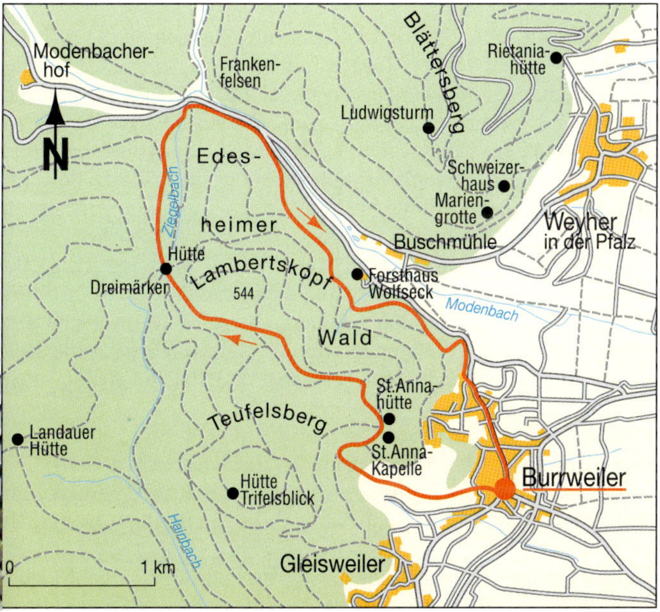

der Kapelle bietet sich an Wochenenden bereits wieder eine Einkehrmöglichkeit an, die *Annahütte* des Pfälzerwald-Vereins.

Wir steigen nun weiter bergan (Wegweiser zu Drei Buchen, weißer Punkt), bis nach 45 Minuten seit Burrweiler die Höhe erreicht ist (Sitzgruppe). Der Weg wendet sich nun nach links und führt hinab zum *Dreimärker* (kleine Schutzhütte, 446 m).

Nur wenige Schritte folgen wir der blauen Strichmarkierung, dann zweigt nach rechts der gut bezeichnete Weg zum Modenbachtal ab (gelber Wegweiser und Markierung blau-weißer Strich).

Der Abstieg ist stellenweise sehr steil und erfordert bei nasser Witterung gutes Schuhwerk und eine gewisse Trittsicherheit. Wir erreichen das tief eingeschnittene *Modenbachtal* in Höhe eines Parkplatzes. Hier bleiben wir diesseits der Straße, entdecken die Wegmarkierung gelb-weißer Strich und wandern auf breitem Holzabfuhrweg nach rechts talabwärts und nach Burrweiler zurück.

59 Der Weinlehrpfad Edenkoben

Jeder Wanderer hat schon die Erfahrung gemacht, daß der letzte Kilometer einer langen Tageswanderung viel länger ist als der Startkilometer, und wenn das Tagesziel die weinfrohe Stadt Edenkoben ist, so zieht sich der Weg vom Schloß Ludwigshöhe bis zur Stadt schon ganz gehörig. Der Heimatbund Edenkoben hat durch die Schaffung des Weinlehrpfades entlang der Villastraße dafür gesorgt, daß die erwähnte Wegstrecke zu einem lehrreichen und unterhaltenden Spaziergang wird.

16 verschiedene Rebsorten werden dem Spaziergänger oder Wanderer vorgestellt, erklärt und empfohlen. Alte Weinfuhren, Weinerntewagen, Pflugskarren und mehrere Keltern verschiedenster Typen aus den letzten Jahrhunderten erinnern an die Zeit als die Weingewinnung noch schwerste körperliche Arbeit erforderte.

Ein Weinfaß mit einem Fassungsvermögen von 10 000 Litern steht am Ende des Weinlehrpfades am »Rosengärtchen«. Der mächtige Rosenbusch um das Denkmal des Prinzregenten Luitpold, der diesem Platz seinen Namen gab, ist allerdings nicht mehr vorhanden.

Der Weinlehrpfad ist gleichzeitig Zugangsweg zu zahlreichen Wanderungen (Rietburg-Sesselbahn, Edenkobener Tal, Waldlehr

Edenkoben, Ortsstraße (© Bernd Kottal)

pfad). Die Reblandumlegung hat 1979/80 viele neue Wirtschaftswege und Grünflächen geschaffen. Lehrtafeln vertiefen das Wissen der Wanderer über Klima, Bodenverhältnisse, Weinkultur und Weinrecht. Der Weinlehrpfad ist als Rundweg angelegt und folgt dem Talgrund des Triefenbach. großzügige Freizeitanlagen entstehen am Westrand der Stadt und können in den Rundweg einbezogen werden.

60 Der Waldlehrpfad Edenkoben

Der im Jahre 1998 eingerichtete Waldlehrpfad beginnt 6 Kilometer außerhalb der Stadt beim *Wanderheim Hüttenbrunnen* des Pfälzerwald-Vereins. Ausgangspunkt ist der Parkplatz links der Straße.

Der Waldlehrpfad ist rund 2 Kilometer lang, steigt nur etwa 60 Höhenmeter an und ist bequem zu begehen.

Entlang des als Rundweg angelegten Lehrpfades werden interessante und vielseitige Informationen vermittelt. So erfährt der Wanderer viel Wissenswertes über den geologischen Aufbau des Pfälzerwaldes, über Klima, Wasserhaushalt und die frühere Nutzung des Waldes als Weidegebiet. Die heutige Bedeutung des Waldes, die Verwertung des Holzes und die Bedeutung der einzelnen Baumarten werden anschaulich dargestellt. Auch bei gründlichem

Edenkoben, Schloss Ludwigshöhe (© Heinz R. Wittner)

Studium der zahlreichen Informationstafeln wird der Rundgang kaum mehr als eine Stunde in Anspruch nehmen.

Das Edenkobener Tal zählt zu den schönsten Tälern der Haardt und bietet in unmittelbarer Umgebung zahlreiche lohnende Ziele. Diese sind auch für alle Besucher erreichbar, die sich keine mehrstündige Wanderung zumuten können.

So führt eine kleine Rundfahrt durch das Edenkobener Tal zum Wanderparkplatz *Lolosruhe* (574 m, 5 Rundwege zwischen 1,5 und 7,5 km). Ein kurzer Spaziergang führt zum *Schänzelturm*. Die nur 13 Meter hohe Aussichtskanzel bietet eine großartige

 Edenkoben, Kloster Heilsbruck (© Heinz R. Wittner)

Rundsicht. Das Paßsträßchen zieht hinab zum *Forsthaus Heldenstein* (470 m, 5 Rundwege zwischen 3,5 und 5,7 km). Durch das reizvolle Modenbachtal geht es zurück zur Weinstraße. Auch eine Auffahrt zum *Schloß Ludwigshöhe* oder ein »Anstieg« mit Hilfe des Sessellifts zur *Rietburg* bieten sich an.

61 Von St. Martin durch das Felsenmeer zur Kalmit

Verkehrsmöglichkeiten Busverbindung nach Neustadt, Landau.
Parkmöglichkeiten Siehe Tour 62.
Wegmarkierungen Gelber Punkt ab Ortsrand St. Martin, Wegweiser Felsenmeer–Kalmit, ab Schutzhütte beim Felsenmeer weiß-grüner Strich zur Kalmit, roter Punkt bis St. Martin.
Tourenlänge 12 Kilometer.
Wanderzeit 3½ Stunden.
Höhenunterschiede Insgesamt etwa 450 Höhenmeter, anhaltender Anstieg zwischen St. Martin (240 m) und Kalmit (673 m).
Wanderkarte 1:25 000 Neustadt – Maikammer – Edenkoben – Landau.
Wissenswertes Unter den »Bilderbuchdörfern« entlang der Deutschen Weinstraße ist das alte St. Martin sicher eines der liebenswürdigsten. Weithin bekannt ist die »Briefmarkenecke« an der Mühlgasse.

Die Kalmit ist die höchste Erhebung des Pfälzerwaldes (Aussichtsturm, bewirtschaftete Hütte des Pfälzerwald-Vereins).

Die Kalmitstraße führt bis wenige Meter unterhalb des Gipfels (Parkplatz). An schönen Ausflugstagen ist deshalb hier oben nicht viel von der Stille des Naturparks zu verspüren.

Tourenbeschreibung Vom empfohlenen Wanderparkplatz sind es nur wenige Minuten bis zur Ortsmitte von St. Martin. Ein Bummel durch die malerischen Gassen ist überaus lohnend. Durch die Einlaubstraße (Wegweiser zum Hotel Haus am Rebenhang) steigen wir zum Ortsrand an und folgen dem Waldlehrpfad bis zu einer auffälligen Pappel in Höhe eines kleinen Teiches. Hier gabeln sich die Wege und ein Wegweiser zeigt schräg nach links in Richtung Felsenmeer–Kalmit. Beim *Gasthaus im Wolsel* queren wir die Fahrstraße, dann erwartet uns ein kräftiger Anstieg, der über die Wolselquelle zum Felsenmeer führt. Bei der Schutzhütte übernimmt die Markierung weiß-grüner Strich die Führung über die Felsendächer. Hier ist mit Kindern besondere Vorsicht geboten, denn die Felsabbrüche sind nicht abgesichert.

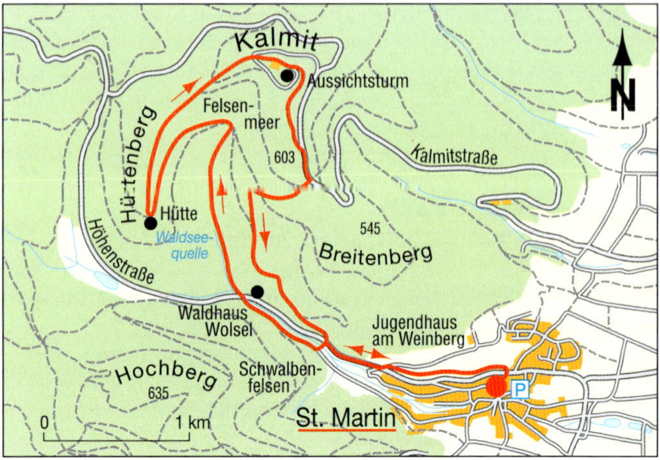

Der Abstieg beginnt direkt vor der Terrasse des Kalmithauses (Wegweiser nach St. Martin und roter Punkt). Der Weg zieht über den Breitenberg und bringt uns in etwa 1½ Stunden seit Kalmit nach St. Martin zurück.

62 Von St. Martin über die Kropsburg zum Friedensdenkmal und zur Wappenschmiede

Verkehrsmöglichkeiten Busverbindung nach Neustadt und Landau.
Parkmöglichkeiten Besonders an schönen Ausflugstagen wird dringend davor abgeraten, auf Parkplatzsuche nach St. Martin einzufahren. Am Ortseingang aus Richtung Edenkoben bietet sich dafür ein großer Wanderparkplatz an.
Wegmarkierungen Mit rotem Strich über die Kropsburg zur Wappenschmiede, mit rotem Kreuz talauswärts, bis roter Punkt nach rechts über Bächlein und Straße führt, mit diesem zurück zur Kropsburg. Örtlich markierter Abstecher zum Friedensdenkmal.
Tourenlänge 8 Kilometer.
Wanderzeit 2½ Stunden.
Höhenunterschiede Insgesamt etwa 240 Höhenmeter, kurzer Anstieg von St. Martin zur Kropsburg.
Wanderkarte 1:25 000 Neustadt – Maikammer – Edenkoben – Landau.
Wissenswertes *St. Martin* siehe Tour 61.

Die Kropsburg wurde zu Anfang des 13. Jahrhunderts als Lehensburg der Bischöfe von Speyer erbaut und war über mehrere Jahrhunderte im Besitz der Herren von Dalberg. Ein Prospekt über die Geschichte der Burg ist am Kiosk bei der Burggaststätte erhältlich.

Das *Friedensdenkmal* wurde 1899 zur Erinnerung an die Kriegsjahre 1870/71 errichtet und entstand im bombastischen Stil seiner Zeit.

Anmerkung Die Rundwanderung kann durch Auffahrt zur Kropsburg weiter verkürzt werden (Zufahrt von Edenkoben).

Tourenbeschreibung Vom empfohlenenen Wanderparkplatz aus durchwandern wir das malerische Weindorf St. Martin, gehen einige Schritte die Mühlstraße hinauf und entdecken dann die örtlichen Wegweiser zur Kropsburg. Der Weg folgt dem Kreuzweg durch die Weinberge und führt uns in 15 Minunten hinauf zur Burgruine.

Am Ehrenmal des Pfälzerwald-Vereins und am Richard-Platz-Stein vorbei folgen wir den Wegmarkierungen roter Strich und roter Punkt. Bald verläßt unser Wanderpfad den Hauptweg nach rechts, und nach 15 Minuten ab Kropsburg gabeln sich die Wanderwege. Wir folgen dem roten Strich nach links und sollten beim Parkplatz am Sportplatz den Abstecher zum Friedensdenkmal (örtliche Wegweiser) nicht versäumen, es sind nur fünf Minuten bis zu diesem freien Aussichtspunkt. Beim früheren Sportplatz beginnt auch der angenehme Abstieg (roter Strich), bis wir nach

Wegkapelle bei St. Martin (© Heinz R. Wittner)

zehn Minuten die Fahrstraße queren, um die *Siegfriedschmiede* mit ihrem mächtigen Wasserrad an der alten Wappenschmiede zu erreichen. An den Wappenschmieden und am Meyerhof vorbei wandern wir talaufwärts, nun vom Wegweiser rotes Kreuz geleitet. Bald kommen wir zum hübschen kleinen *Hilschweiher* (Kiosk, Ruderbootverleih).

 St. Martin, beliebter Ausflugsort und Weinbaugemeinde (© Heinz R. Wittner

15 Minuten weiter talaufwärts mündet der rote Punkt in unseren Weg ein. Wir queren Bächlein und Straße und wandern in spitzem Winkel und leicht ansteigend zurück. Nach 20 Minuten stehen wir an einer Wegspinne. Hier zeigt ein Wegweiser (45 Minuten) zur Kropsburg. Aber auch bei gemütlichem Spazier-

Kropsburg bei St. Martin (© Heinz R. Wittner)

tempo werden wir kaum länger als eine halbe Stunde brauchen, um zur Kropsburg zurückzukehren.

63 Vom Totenkopf zum Hellerplatz

Verkehrsmöglichkeiten Keine Verbindung mit öffentlichen Verkehrsmitteln. Zufahrt mit Pkw über die Totenkopf-Höhenstraße von St. Martin oder vom Elmsteiner Tal, weitere Zufahrtmöglichkeit von Maikammer über die Kalmitstraße. Beide Touristenstraßen sind gut beschildert.
Parkmöglichkeiten Parkplatz Totenkopf.
Wegmarkierungen Blau-gelber Strich zur Hellerhütte, roter Strich bis Rastplatz, örtliche Rundwegmarkierung Nr. 6 bis Ausgangspunkt.
Tourenlänge 6 Kilometer.
Wanderzeit 1½ Stunden.
Höhenunterschiede Insgesamt etwa 140 Höhenmeter, verteilt auf zwei leichte Anstiege auf dem Hin- und Rückweg.

Wanderkarte 1:25 000 Neustadt – Maikammer – Edenkoben – Landau.

Anmerkung Beim Parkplatz auf dem Totenkopf bietet eine Informationstafel des Pfälzerwald-Vereins sieben Rundwege zwischen drei und fünf Kilometern Länge an. Der vorgeschlagene Spaziergang ist also nur eine der zahlreichen Möglichkeiten das Gebiet um Totenkopf und Kalmit kennenzulernen. Die Totenkopf- und Kalmitstraße erschließen dieses hochgelegene Wanderparadies auch den Wanderfreunden, die sich keine längeren Anstiege zumuten können.

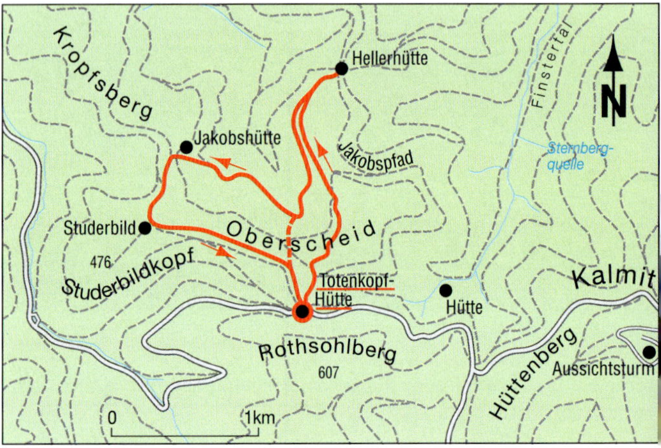

Tourenbeschreibung Beim Parkplatz hinter der Totenkopfhütte entdecken wir die blau-gelbe Strichmarkierung. Der Weg steigt etwas an und führt als schöner Sandpfad durch den Kiefernwald hinab zum *Hellerplatz*. Das Hellerplatzhaus wurde schon im Jahre 1910 erbaut. Sieben Wanderwege des Pfälzerwald-Vereins laufen hier sternförmig zusammen und eine mustergültige Wegmarkierung verweist auf lohnende Wanderziele nach allen Himmelsrichtungen. Unser Rückweg folgt der roten Strichmarkierung in Richtung Breitenstein. Nach 25 Minuten, genau in Höhe eines Rastplatzes, bietet sich der direkte Rückweg zur Totenkopfhütte an (örtliche Rundwegmarkierung 6 zeigt nach links). Wir können jedoch auch weiter dem roten Strich folgen und etwa 15 Minuten später bei einer Schutzhütte links abbiegen. Der weiß-grüne Strich führt ebenfalls zum Totenkopf zurück. Eine weitere Variante bietet sich ab Hellerplatz. Dort beginnt der gut bezeichnete Jakobspfad. Er führt mit der Rundwegmarkierung 4 zum Totenkopf zurück (2,6 km).

64 Der Weinlehrpfad Maikammer

In allen deutschen Weinbaugebieten hat der Erste Deutsche Wein-Lehrpfad in Schweigen am Weintor zahlreiche Nachfolger gefunden. Kein Wunder, daß auch in Maikammer, einer der größten Weinbaugemeinden der Pfalz, ein Weinpfad angelegt wurde, der die berühmten Weinlagen ins rechte Licht setzen soll. Das richtige Sonnenlicht strahlt ja hier ohnehin häufiger als anderwärts und läßt neben dem Wein auch Feigen, Mandeln und Edelkastanien reifen. Der Weinlehrpfad beginnt am Ortsteil *Alsterweiler* an der Kalmitstraße, wo ein großes Weinfaß den Anfang des Pfades markiert.

Wir durchwandern die Weinlage *Mandelgarten* und können unterwegs viel Wissenswertes über die Rebsorten erfahren.

Maikammer, Fachwerkhaus aus dem 17. Jahrhundert (© Heinz R. Wittner)

Schon 200 Jahre n. Chr. wurde hier Wein angebaut, und heute betreuen die Winzerfamilien der Verbandsgemeinde Maikammer (mit St. Martin und Kirrweiler) vier Millionen Rebstöcke. 20 Millionen Liter Wein können in den Kellern gelagert werden, das sind 80 Millionen Viertele, eines für jeden Bundesbürger!

Der Weinlehrpfad Maikammer ist keine ausgewachsene Wanderstrecke, aber ein gemütlicher Spaziergang. Der Weg verläuft fast steigungsfrei und ist in einer Stunde hin und zurück gut zu begehen. Man bewegt sich hier nur wenige Meter über der Weite der Rheinebene, genießt aber eine herrliche Aussicht und kann sich in das Überetschgebiet Südtirols versetzt fühlen.

65 Vom Hambacher Schloß zur Hohen Loog und auf die Kalmit

Verkehrsmöglichkeiten Stadtbusverbindung nach Neustadt zum Hambacher Schloß. Die Autozufahrt ab Neustadt-Hambach ist ausgeschildert.

Parkmöglichkeiten Gebührenpflichtige Parkstreifen entlang der Einbahnstraße zum Hambacher Schloß.

Wegmarkierungen Roter Strich und roter Punkt zur Hohen Loog, roter Punkt bis zur Kalmit, weiß-grüner Strich bis Einmündung in Wanderweg Deutsche Weinstraße, roter Strich bis Hambacher Schloß.

Tourenlänge 15 Kilometer.

Wanderzeit 4½ Stunden.

Höhenunterschiede Etwa 370 Höhenmeter.

Wanderkarte 1:25 000 Neustadt – Maikammer – Edenkoben.

Wissenswertes Das *Hambacher Schloß* gilt als eine »Wiege der deutschen Demokratie«. Hier fand im Jahre 1832 das »Hambacher Fest« statt. Mehr als 30 000 Menschen forderten die Einigung Deutschlands und demokratische Rechte. Eine Dauerausstellung erinnert an dieses Ereignis und an die Revolution 1848/49. Öffnungszeiten: Vom 1. März bis 30. November täglich von 10 bis 18 Uhr. Die Kalmit ist der höchste Berg des Pfälzerwaldes (673 m). Das Kalmithaus des Pfälzerwaldvereins ist an Wochenenden geöffnet, der Turm ist nicht zugänglich.

Anmerkung Die Rundwanderung bietet mehrere gut bezeichnete Abkürzungen zurück zum Hambacher Schloß an. Der empfohlene Weg ist allerdings die interessanteste und landschaftlich schönste Variante.

Tourenbeschreibung Direkt vor dem Hotel Ritterburg übernimmt die Markierung roter Strich die Führung in Richtung Neustadt. Nach 5 Minuten passieren wir einen Fledermausstollen, verlassen den Hauptweg nach rechts und wandern durch den Wald leicht abwärts und schließlich an beneidenswerten Wohnlagen entlang bis zur Einmündung des von Neustadt kommenden Wanderweges (2,7 km seit Hambacher Schloß). In spitzem Winkel bergan zieht der Weiterweg (roter Punkt) hinauf zum *Rastplatz Speierheld* (Schutzhütte, neu erbaut 1996). Immer wieder leicht ansteigend erreichen wir über die Hohe Loog Ebene die gastliche *Hambacher Hütte* (an Wochenenden geöffnet). Wenige Minuten später bietet sich an der Wegkreuzung *Bildbaum* ein direkter Abstieg zum Hambacher Schloß an. Am Parkplatz Hahnenschritt zeigen der blaue Punkt und Wegweiser zur Klausentalhütte eine weitere Abstiegsvariante an (Sommerbergweg 4 km). Der kurze

Anstieg zur Kalmit folgt weiter dem roten Punkt. Direkt an der Terrasse vor dem *Kalmithaus* beginnt der Abstieg über Treppen (Markierung weiß-grüner Strich, Wegweiser in Richtung Alsterweiler-Maikammer). An einem Kriegerdenkmal vorbei geht es steil abwärts und unser Pfad unterquert bald die Kalmitstraße durch einen engen Durchlaß. Nun schlängelt sich der romantische Weg durch eine enge Schlucht talwärts und erreicht kurz nach dem Schützenhaus (Gaststätte) den Waldrand. Wir folgen nach links dem Wanderweg Deutsche Weinstraße (Traubenmarkierung) und ein Stück weit dem Weinlehrpfad Maikammer. Bald ist der Ortsrand von *Diedesfeld* am Fuße des Hambacher Schlosses erreicht. Zwei bezeichnete Fußwege führen hinauf zum Schloß. Der interessantere hat seinen Startpunkt wenige Meter rechts der Käsgasse und ist weiter mit dem roten Strich bezeichnet. Es geht auf uraltem Steig noch einmal steil hinauf, bis unser Pfad ganz genau am Startpunkt unserer Rundwanderung ausmündet.

66 Von Gimmeldingen zum Forsthaus Benjental und auf das Weinbiet

Verkehrsmöglichkeiten Busverbindung nach Neustadt und Bad Dürkheim. Bahnanschluß in Mußbach.

Parkmöglichkeiten Zwischen Kirche und Friedhof oder beim Sportplatz im Gimmeldinger Tal.

Wegmarkierungen Rotes Dreieck bis Forsthaus Benjental, roter Punkt bis Weinbiet, mit blauem Punkt absteigend durch das Meisental, mit weiß-rotem Strich (Kaiserweg) zurück nach Gimmeldingen.

Tourenlänge 13 Kilometer.

Wanderzeit 3½ Stunden.

Höhenunterschiede Etwa 370 Höhenmeter, anhaltender Anstieg zwischen Forsthaus Benjental und Weinbiet (554 m).

Wanderkarte 1:25 000 Neustadt – Maikammer – Edenkoben – Landau.

Wissenswertes Im Jahre 1926 wurde in *Gimmeldingen* ein Heiligtum aus der Römerzeit gefunden, das 325 n. Chr. zu Ehren des persischen Lichtgottes Mithras errichtet worden war. Es steht heute im historischen Museum der Pfalz in Speyer. Eine Nachbildung des Reliefs findet sich in der Loblocher Straße. Wie seine Nachbardörfer ist Gimmeldingen durch seine Weine, von denen die »Meerspinne« weithin gerühmt wird, bekannt geworden. Einzigartig ist die Lage des Straßendorfes *Haardt*, das sich als Sonnenbalkon den Abhang entlangzieht.

Anmerkung Es führen viele Wege zum aussichtsreichen Weinbiet hinauf. Einen kurzen Zugang bietet der beschriebene Pfad ab Forsthaus Benjental.

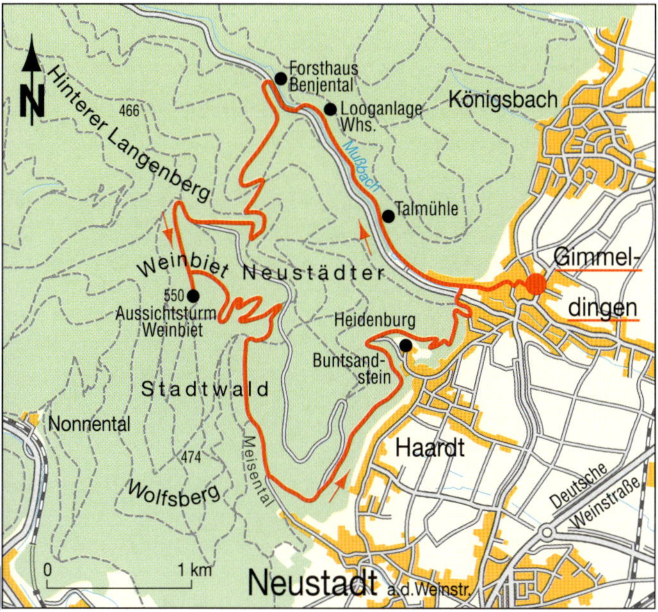

Tourenbeschreibung Durch die Peter-Koch-Straße und durch die Holzmühlstraße gelangen wir zum Ortsrand am Sportplatz im Gimmeldinger Tal. Sollte in den engen Straßen des Weindorfes kein Parkplatz zu finden sein, so läßt sich die Wanderung auch von hier aus antreten. Mit der Markierung rotes Dreieck wandern wir am Mußbach entlang durch das Gimmeldinger Tal. Ein Mahlstein und überwachsene Mauerreste erinnern noch an die 1900 stillgelegte Neumühle. Nach 20 Minuten gelangen wir zur Gaststätte *Looganlage* und gleich darauf zum ebenfalls bewirtschafteten *Forsthaus Benjental* (früher Wappenschmiede, 1699 erbaut, 1860 abgebrannt). Nun wendet sich der Pfad nach links und gewinnt in anfänglich recht steilen Serpentinen am »Steinernen Hai« und am

Loosenbrunnen vorbei schnell an Höhe. Während des ganzen Anstiegs halten wir uns an die zuverlässige rote Punktmarkierung und kommen schließlich zum aussichtsreichen Plateau (Aussichtsturm, Waldgaststätte »Weinbiethaus« des Pfälzerwald-Vereins). Der gut markierte Abstieg ist nicht zu verfehlen. Er beginnt beim Weinbiethaus und führt durch das Meisental hinab. Das letzte Wegstück folgt dem rot-weißen Strich in schönster Aussichtslage und bringt uns in 1½ Wanderstunden seit Weinbiet entlang dem *Kaiserweg* nach Gimmeldingen zurück.

67 Von Neustadt an der Weinstraße zur Hohen Loog

Verkehrsmöglichkeiten Zahlreiche gute Bus- und Bahnverbindungen nach Neustadt an der Weinstraße.
Parkmöglichkeiten Parkplatz beim Leibniz-Gymnasium an der Karolinenstraße.
Wegmarkierungen Weißer Strich mit schwarzem Punkt bis Bildbaum, örtliche Wegweiser zur Hohen Loog (Hambacher Hütte). Roter Punkt bis zum Herz-Jesu-Kloster am Stadtrand von Neustadt, nach Beschreibung zum Leibniz-Gymnasium.
Tourenlänge 11 Kilometer.
Wanderzeit 3½ Stunden.
Höhenunterschiede Insgesamt etwa 440 Höhenmeter, anhaltender direkter Anstieg von Neustadt zur Hohen Loog.
Wanderkarte 1:25 000 Neustadt – Maikammer – Edenkoben – Landau.
Wissenswertes *Neustadt* (55 000 Einwohner) ist der Mittelpunkt der Deutschen Weinstraße und gilt als größte Weinbaugemeinde Deutschlands. Die Altstadt mit ihren malerischen Ecken und Winkeln wird von der Stiftskirche aus dem 14. Jahrhundert überragt auf deren Turm die größte Gußstahlglocke der Welt rund 1800 jährliche Sonnenstunden schlägt. Ein Stadtbummel durch die verkehrsberuhigte Fachwerkidylle ist überaus lohnend.
Anmerkung Die Wanderung kann leicht über das Hambacher Schloß (siehe Nr. 65) ausgedehnt werden. Man geht von der Hambacher Hütte auf der Hohen Loog wieder kurz zurück bis zum Punkt Bildbaum. Dort ist der direkte Abstieg zum Hambacher Schloß angezeigt (2 km). Ab dort geht es mit dem roten Strich in Richtung Neustadt bis zur Einmündung in den beschriebenen Weg. Die Wanderstrecke verlängert sich dadurch ohne zusätzlichen Anstieg um etwa 2 Kilometer.

Haardter Schlössel oberhalb von Neustadt (© Heinz R. Wittner)

Neustadt an der Weinstraße, stille Ecke in der Altstadt (© Heinz R. Wittner)

Tourenbeschreibung Wer vom Bahnhof kommt, überschreitet die Bahnbrücke (Orientierungstafel des Pfälzerwald-Vereins, Wegweiser zur Jugendherberge), folgt dann aber der *Karolinenstraße* bis zum Leibniz-Gymnasium (15 Minuten ab Bahnhof). Gleich hinter den Schulgebäuden gabeln sich die markierten Wanderwege. Wir halten uns an die Markierung weißer Strich mit schwarzem Punkt, wenden uns nach links und folgen der von-Wißmann-Straße.

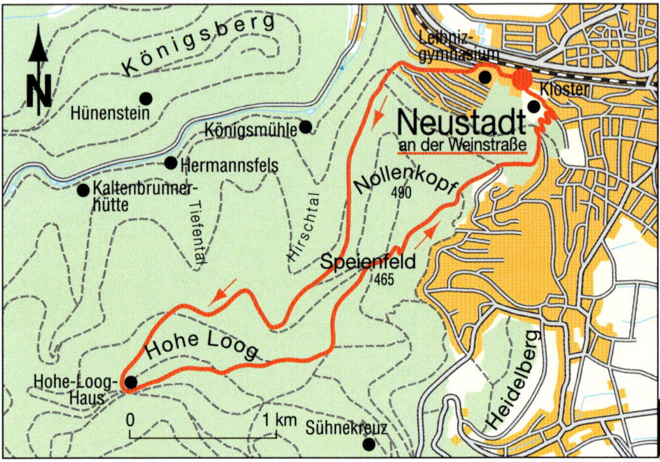

Am Ende der Straße führt der Wanderweg in den Wald hinein, und nach weiteren 500 Metern – dort, wo der Weg eben wird –, verläßt ein Pfad den Hauptweg nach links (alte Wegtafel zur Kühungerquelle). Der federweiche Weg gewinnt schnell an Höhe und erreicht die *Kühungerquelle* (kleine Tümpel rechts des Weges, hübsches Rastplätzchen). Bald öffnet sich eine schöne Fernsicht über die unzähligen Bergkuppen des Pfälzerwaldes und wenig später ist der Bergsattel beim Bildbaum erreicht. Örtliche Wegweiser zur Hambacher Hütte übernehmen die weitere Führung, und nach zehn Minuten taucht die gastliche Einkehrstätte des Pfälzerwald-Vereins hinter einer Wegbiegung auf.

Direkt bei der Hütte beginnt der mit dem roten Punkt bezeichnete Rückweg in Richtung Neustadt. Der Weg ist so gründlich markiert und ausgetupft, daß er auch nach zwei Vierteln Pfälzerwein nicht zu verfehlen ist. Über die Hohe-Loog-Ebene geht es allmählich abwärts, und über dem Stadtrand von Neustadt erreichen wir einen kleinen Friedhof und gleich darauf den *Conrad-Freytag-Blick* (Orientierungstafel, aber allmählich verwachsende

Aussicht). Direkt vor dem Eingang zum *Herz-Jesu-Kloster* beginnt ein schmaler Pfad, der ohne weitere Bezeichnung direkt zum Parkplatz beim Leibniz-Gymnasium hinabführt.

Neustadt an der Weinstraße (© Heinz R. Wittner)

68 Von Deidesheim zum Eckkopf und über den Weißen Stich zur Waldschenke

Verkehrsmöglichkeiten Deidesheim liegt zwischen Bad Dürkheim und Neustadt an der Weinstraße, Bus- und Bahnverbindungen nach beiden Richtungen.
Parkmöglichkeiten Knappe Parkflächen in der Ortsmitte (Marktplatz oder Königsgartenstraße). Günstiger: Durch die Heumarktstraße und Deichelgasse auf Weinbergweg zum Waldrand, dort Parkplatz mit Wandertafel des Pfälzerwald-Vereins.
Wegmarkierungen Mit weiß-blauem Strich zum Eckkopf, mit weißem Punkt zur Kreuzung unter dem Eckkopf, mehrere Abstiegs- oder Abkürzungsmöglichkeiten siehe Tourenbeschreibung.
Tourenlänge 10 Kilometer.
Wanderzeit 3 Stunden.
Höhenunterschiede Insgesamt etwa 350 Höhenmeter, kräftiger Anstieg zum Eckkopf (515 m).
Wanderkarte 1:25 000 Bad Dürkheim und Umgebung.
Wissenswertes Der weitbekannte Weinort *Deidesheim* verweist gerne auf seine illustren Gäste wie Gorbatschow oder Großbri-

tanniens Premier Margaret Thatcher und andere, die im Gefolge des Pfälzers Helmut Kohl hier Station machten.

Ein Rundgang führt zum Historischen Rathaus mit dem Museum für Weinkultur und zum Museum für Film- und Fototechnik.

Weithin bekannt ist die Deidesheimer Geißbockversteigerung, die an jedem Pfingstdienstag stattfindet. Der Brauch geht auf ein uraltes Weiderecht zurück, das die Lambrechter Bürger seit 1350 verpflichtet, jedes Jahr einen Geißbock nach Deidesheim zu liefern. Das traditionelle Zeremoniell ist heute ein beliebtes Volksfest.

Tourenbeschreibung Der Anstieg zum Turnerehrenmal aus dem Jahre 1928 beginnt direkt beim Wanderparkplatz Madental und folgt dem weiß-blauen Strich. Unterwegs ist genau auf die Markierung zu achten, da der Weg bei einer Einbuchtung (Parkplatz an alter Sandgrube) etwas verwachsen ist. Der weitere Anstieg führt hinter dem Turnerehrenmal vorbei. Der gut markierte Pfad gewinnt an Höhe und gabelt sich schließlich in einen als »bequem« oder »direkt« geteilten letzten Anstieg zum Aussichtsturm. Wenn aber nicht gerade Glatteis herrscht, kann jeder Spaziergänger den direkten Weg wählen, der nur über einige Steinplatten führt. – Während des Anstiegs zum Eckkopf bieten sich zwei Abstiege zur Waldschenke an. Die erste Möglichkeit ist mit der örtlichen Wegmarkierung »3« (bei fünf auffallenden Forchen rechts des Weges), die zweite mit der »5« markiert.

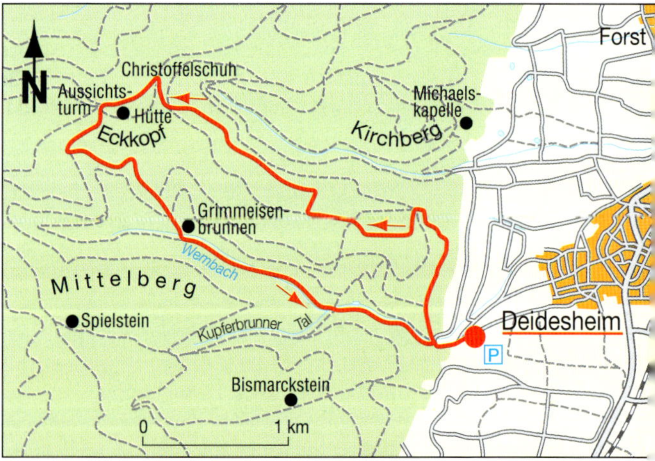

Wir wandern vom Turm aus mit der Markierung weißer Punkt abwärts zum Punkt *Am weißen Stich* (471 m, Schutzhütte). Schon 50 Meter vor Erreichen der Wegspinne muß jedoch genau auf die Markierung (blau-gelber Strich) geachtet werden, die etwas versteckt unseren Abstieg nach links anzeigt. Es geht dem Weinbach entlang zum *Grimmeisenbrunnen* (Rastbänke um die runde Quellfassung). Für das letzte Wegstück kann auch das tief eingeschnittene Bachbett gewählt werden, denn dort prasseln im Herbst die Edelkastanien und füllen schnell die Taschen.

69 Von Deidesheim über die Michaelskapelle zu den Heidenlöchern

Verkehrsmöglichkeiten Deidesheim liegt zwischen Bad Dürkheim und Neustadt an der Weinstraße, Bahn- und Busverbindungen nach beiden Richtungen.
Parkmöglichkeiten Knappe Parkflächen in der Ortsmitte (Marktplatz oder Königsgartenstraße). Günstiger: Durch die Heumarktstraße und Deichelgasse auf Weinbergweg zum Waldrand, dort Parkplatz mit Wandertafel des Pfälzerwald-Vereins.
Wegmarkierungen Mit der Traube (Weinstraße-Wanderweg) bis zum Wanderparkplatz am Ausgang des Sensentals, roter Punkt über Michaelskapelle zu den Heidenlöchern, ab Wegspinne mit weißem Punkt zum Eckkopf und zur Wegkreuzung (Waldabteilung Rudelfuß). Rückweg mit weiß-blauem Strich zum Turnerehrenmal und zum Ausgangspunkt.
Tourenlänge 12 Kilometer.
Wanderzeit 4 Stunden.
Höhenunterschiede Insgesamt etwa 380 Höhenmeter, kräftiger Anstieg zwischen Waldparkplatz Sensental und Heidenlöchern.
Wanderkarte 1:25 000 Bad Dürkheim und Umgebung.
Wissenswertes *Deidesheim* siehe Tour 68.

Die Rheinebene war immer Durchzugsgebiet für kriegerische Heere. So entstand die Fliehburg der Heidenlöcher schon im 9. oder 10. Jahrhundert zum Schutze gegen Normannen und andere Kriegsvölker. Die Fundamente von 65 Häusern waren in diesem einzigartigen Kulturdenkmal nachweisbar. Die ringförmige Wallmauer ist noch erhalten.

Die spätgotische Michaelskapelle am Haardtrand über Deidesheim war längst zerfallen und wurde in den fünfziger Jahren neu errichtet. Vor der Kapelle findet sich ein schönes Rastplätzchen mit freiem Ausblick über die Rheinebene.

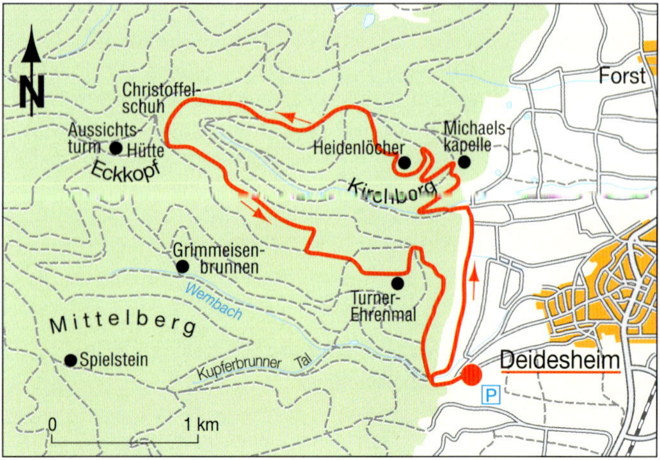

Tourenbeschreibung Vom Wanderparkplatz am Waldrand aus folgen wir zunächst dem Wanderweg Deutsche Weinstraße mit der Traubenmarkierung nach Norden. Der Weg verläuft zwischen Waldrand und Rebland und quert die berühmte Weinlage Deidesheimer Paradiesgarten. Ein schön angelegter Rastplatz verlockt schon hier zu einer Pause.

Nach etwa 20 Minuten Gehzeit sehen wir vor uns die Michaelskapelle und passieren den *Wanderparkplatz Sensental*. Nun übernimmt der rote Punkt die Führung und wir steigen hinauf zur Kapelle (schöner Rastplatz, Informationstafel zur Geschichte der Michaelskapelle). Der Weiterweg zu den *Heidenlöchern* (346 m) knickt zweimal nach rechts vom Hauptweg ab, ist aber lückenlos markiert. Der Wanderweg führt mitten durch die Anlage der Fliehburg, aber auch auf dem Ringwall hat sich ein Pfad gebildet. Ein bequemer und kaum ansteigender Weg folgt weiter dem roten Punkt bis zu einer Weggabelung. Jetzt folgen wir dem weißen Punkt in Richtung Eckkopf. Nach etwa 15 Minuten Gehzeit bietet sich ein bezeichneter Abstieg zum Wanderparkplatz Sensental an, aber auch die Weggabelung am Fuße des Eckkopfes ist bald erreicht. Nach dem Anstieg zum Aussichtsturm (ständig geöffnet) kehren wir zur Wegkreuzung zurück. Der mit weiß-blauem Strich gekennzeichnete Abstieg führt am *Turnerehrenmal* vorbei zum Startpunkt zurück und kann nicht verfehlt werden.

70 Von Bad Dürkheim über Limburg und Hardenburg zum Forsthaus Kehrdichannichts

Verkehrsmöglichkeiten Gute Bahn- und Busverbindungen nach Bad Dürkheim, direkte Verbindung mit dem Raum Ludwigshafen – Mannheim durch die Rhein-Haardt-Bahn.
Parkmöglichkeiten Großer Wanderparkplatz bei der Limburg, die Zufahrt ist ab Bad Dürkheim gut beschildert.
Wegmarkierungen Blauer Strich und Wegweiser zur Burg Hardenburg, gelbes Kreuz bis Forsthaus Kehrdichannichts, weiß-blauer Strich über Hammelsbrunnen zum weißen Stein, weißer Strich mit schwarzem Punkt über 3 Eichen zur Limburg.
Tourenlänge 15 Kilometer ab und bis Limburg.
Wanderzeit 4½ Stunden.
Höhenunterschiede Insgesamt etwa 400 Höhenmeter.
Wanderkarte 1:25 000 Bad Dürkheim und Umgebung.
Wissenswertes Die Klosterruine Limburg erinnert an eine lange und wechselvolle Geschichte, die bis auf das Jahr 1030 zurück reicht. Für Freilichtaufführungen und Konzerte bildet die bauhistorisch bedeutsame Ruine eine einmalige Kulisse. Der alte Stammsitz Hardenburg wurde zwar im Jahre 1794 durch das französische Revolutionsheer zerstört, doch bietet die umfangreiche Anlage noch heute ein imposantes Bild. Die letzten großen Renovierungen wurde im Jahr 2000 abgeschlossen. Die Burg kann besichtigt (Eintrittsgebühr) werden und ist montags geschlossen.

Bad Dürkheim, Burgruine Hardenburg (© Heinz R. Wittner)

Kehrdichannichts – Murrmirnichtviel – Schaudichnichtum, der Wanderer fragt nach der Bedeutung solch eigenartiger Namen für noch bestehende oder ehemalige Forsthäuser. August Becker: »Alle diese Bauten verdanken Namen und Entstehung dem 18. Jahrhundert und den Reibereien, Eifersüchteleien und Streitigkeiten der leiningischen Jäger mit ihren Nachbarn, den kurpfälzischen Jägern von Neidenfels.«

Anmerkung Es wird empfohlen, die Wanderung an der Limburg zu starten. Wer vom Bahnhof Bad Dürkheim kommt, geht in westlicher Richtung durch die Leininger- und Schillerstraße oder benutzt den Stadtbus.

Bad Dürkheim, Klosterruine Limburg (© Verkehrsamt Bad Dürkheim)

Tourenbeschreibung Vom Parkplatz Limburg aus gehen wir am *Jost-Denkmal* neben der Ruine 100 Meter geradeaus, dann führt der Wanderweg hinab zur Zufahrtsstraße und auf dieser kurz abwärts bis zur Bus-Wendeplatte. Hier biegen wir rechts ab (Wegweiser Burg Hardenburg 2,5 km). Auf dem Talgrund in Schlangental wandern wir wenige Schritte talauswärts und queren beim Schlangenweiher (Amphibien-Schutzgebiet) das Tal. Ansteigend folgen wir dem Vogellehrpfad und bleiben auf etwa gleichbleibender Höhe (nicht zum Dorf Hardenburg absteigen) und stehen bald vor der *Burg Hardenburg*. Nach der Besichtigung verlassen wir die Ruine durch den Bogendurchlaß am massigen Turm. Hier gabeln sich die bezeichneten Wanderwege. Wir steigen nach links an und folgen dem gelben Kreuz (Wegweiser in Richtung Kehrdichannichts – Lambertskreuz). 20 Minuten nach der Hardenburg passieren wir einen mächtig gurgelnden Waldquell (hübsches Rastplätzchen). Einige Minuten später heißt es aufpassen, denn der Wanderpfad knickt unvermittelt nach rechts ab, führt durch Birkenwald (Pfeilmarkierung beachten!) und bringt uns in einer Wanderstunde seit der Hardenburg zum *Forsthaus Kehrdichannichts*. Die Wegmarkierung weißes Dreieck und weiß-blauer Strich und gelbe Wegweiser zeigen den Abstieg zum *Hammelsbrunnen* (Rastplatz). Auf der Gegenseite steigen wir kurz an zum *Weißen Stein* (Rastplatz, Wegspinne, eine Std. seit Kehrdichannichts).

Nun folgen wir der Markierung weißer Strich mit schwarzem Punkt, die gleich nach links vom Hauptweg wegführt. Bei Fischteichen queren wir den Talgrund und kommen zum *Wanderparkplatz Drei Eichen*.

Hier bleiben wir einige Meter auf der Fahrstraße, wandern dann aber mit der Markierung nach links und durchschreiten eine Wohnkolonie von geradezu südländischem Gepräge. Am Ende der Wohnsiedlung bleiben wir auf der Straße und folgen ihr durch den Wald abwärts. So gelangen wir direkt zum Parkplatz nahe der Limburg zurück.

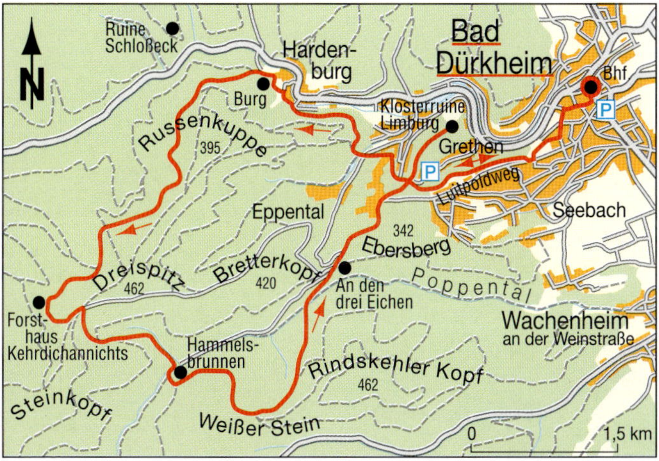

71 Von Bad Dürkheim über Limburg und Hardenburg zum Bismarckturm und zum Teufelsstein

Verkehrsmöglichkeiten Gute Bahn- und Busverbindungen nach Bad Dürkheim, direkte Verbindung mit dem Raum Ludwigshafen – Mannheim durch die Rhein-Haardt-Bahn.
Parkmöglichkeiten Großer Wanderparkplatz bei der Limburg, die Zufahrt ist ab Bad Dürkheim gut beschildert.
Wegmarkierungen Blauer Strich und Wegweiser zur Hardenburg, weiß-blauer Strich bis Bismarckturm, grün-weißer Strich über Forsthaus Weilach zum Schlagbaum, blauer Strich bis Bad Dürkheim, Rückweg über Grethen zur Limburg nach Beschreibung.
Tourenlänge 17 Kilometer. **Wanderzeit** 5 Stunden.
Höhenunterschiede Insgesamt etwa 420 Höhenmeter, steiler Anstieg zum Bismarckturm.
Wanderkarte 1:25 000 Bad Dürkheim und Umgebung.
Wissenswertes *Bad Dürkheim, Limburg* und *Hardenburg* siehe Touren 70 und 72.
Anmerkung Die Wegführung bis zur Hardenburg ist identisch mit Tour 70. Auch für diese Rundwanderung wird der Wanderparkplatz bei der Limburg als Start- und Zielpunkt empfohlen.

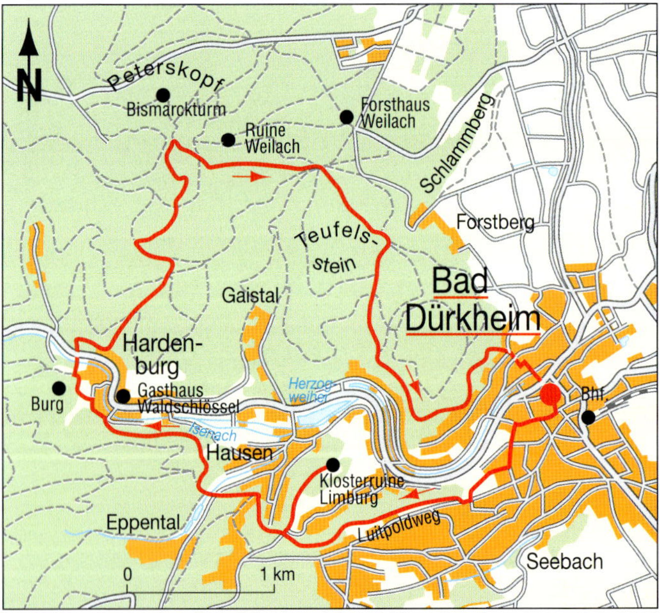

Tourenbeschreibung Nach der Besichtigung verlassen wir die Ruine Hardenburg durch den Bogendurchlaß am massigen Turm. Hier gabeln sich die Wanderwege. Wir gehen hinab zum Talgrund beim *Gasthaus Waldschlössel* und queren die Fahrstraße. Nun folgt ein anhaltender und steiler Anstieg zum Bismarcktum (Kiosk, an Wochenenden geöffnet). Der Weiterweg führt zunächst ein kurzes Stück zurück. Der erste Abzweig nach links (grünweißer Strich führt im Zickzack hinab zum Forsthaus Weilach (Bushaltestelle, Gaststätte), wenige Schritte weiter abwärts führt ein zweiter Abzweig (blauer Strich) direkt zur Wegspinne am Schlagbaum. Ab hier führt der blaue Strich zum Teufelsstein, einem eindrucksvollen, von vielen Sagen umrankten Felsbrocken. Hier bietet sich ein schöner Blick zur Limburg auf der anderen Talseite. Nach 15 Minuten ab Teufelsstein bietet sich der direkte Weg zur Limburg an. In Höhe des Ringwalls zur Linken biegt nach rechts ein schmaler Pfad ab, der nach wenigen Schritten zu einer Aussichtskanzel führt. Ein unmarkierter Pfad führt ab der Kanzel steil und direkt im Zickzack und über mehrere Treppen hinab zum Stadtteil Grethen. Hier queren wir das Tal in Höhe der Bushaltestelle und entdecken direkt vor der Kirche den Wegweiser zur Limburg, die in einem letzten steilen Anstieg erreicht wird.

72 Der Waldlehrpfad in Bad Dürkheim

Um die Natrium-Chlorid-Heilquellen von Bad Dürkheim hat sich längst ein lebhaftes Kur- und Badeleben entwickelt, aber der Volksmund verbindet den Namen Bad Dürkheim noch immer – trotz Casino und Kurhaus – an erster Stelle mit dem Dürkheimer Wurstmarkt. Dieses größte Weinfest der Welt findet alljährlich auf dem großen Festplatz beim Dürkheimer Riesenfaß statt und gilt als Symbol pfälzischer Lebensfreude. Der Bad Dürkheimer Waldlehrpfad beginnt bei der Kurklinik Sonnenwende. Die Zufahrt ist ab Festplatz beschildert, ein kleiner Parkplatz und der Ausgangspunkt finden sich in Höhe des Hauses 33 nahe der Klinik (Informationstafel), hat eine Länge von 7 Kilometern und überwindet rund 300 Höhenmeter.

Ein kurzer Anstieg (zusätzliche Markierung blauer Strich) zieht durch die Kastaniendelle hinauf zum Aussichtspunkt auf der *Kaiser-Wilhelm-Höhe* und entlang der Bergkante zum *Kriemhildenstuhl* (Informationstafeln über die Entstehung des Rheingrabens). Bei der Schutzhütte beginnt der kurze Abstieg zum

Dürkheimer Riesenfaß, größtes Faß der Welt (© Heinz R. Wittner)

Fuße des großen Steinbruchs. Hier wurden schon zur Römerzeit Steine gebrochen und nach Worms und Mainz transportiert. Bis heute sind 64 kultische Symbole, Reliefs, Weihe- und Legionsinschriften zu erkennen, die mit roten Dreiecken gekennzeichnet sind. Der Weiterweg (grünes Blatt und Wegweiser zur Schäferwarte) zieht entlang des Berghanges weiter und in einem Linksbogen zum *Ringwall*, einer Fliehburg aus vorchristlicher Zeit. Hier zeigt dann wieder ein Wegweiser den Rückweg über die Kaiser-Wilhelm-Höhe an. Alte Wegweiser zur Gondelbahn Teufelstein sind freilich zu übersehen, denn diese Bahn ist seit vielen Jahren abgebaut.

73 Vom Forsthaus Lindemannsruhe zum Ungeheuersee

Verkehrsmöglichkeiten Der Ausgangspunkt liegt nördlich von Bad Dürkheim an der Straße Leistadt – Altleiningen.
Parkmöglichkeiten großer Wanderparkplatz beim Forsthaus Lindemannsruhe.
Wegmarkierungen Weiß-blauer Strich, nach 30 Minuten grünes Kreuz (Wegweiser in Richtung Weisenheim) bis Ungeheuersee (Weisenheimer Hütte). Weiß-roter Strich bis Dürkheimer Hütte (auch Weilacher Hütte genannt), grün-weißer Strich über Bismarckturm zur Lindemannsruhe.
Tourenlänge 11 Kilometer. **Wanderzeit** 3 Stunden.
Höhenunterschiede Insgesamt etwa 220 Höhenmeter.
Wanderkarte 1:25 000 Bad Dürkheim und Umgebung.

Wissenswertes Der Ungeheuersee (359 m) ist eine verlandende Wasserfläche mit interessanter, unter Schutz stehender Flora und schwimmenden Grasinseln. Der Bismarckturm entstand im Jahre 1903 im Stile seiner Zeit. Überaus lohnend ist ein Besuch der nahen Weindörfer, z. B. Weisenheim am Sand oder Kallstadt mit ihren berühmten Weinlagen.
Anmerkung Beim Parkplatz Lindemannsruhe empfiehlt eine Informationstafel des Pfälzerwald-Vereins sechs Rundwege zwischen 1,8 und 7,5 Kilometern Länge.

Tourenbeschreibung Am unteren Ende des großen Parkplatzes (Sitzgruppe mit großer Tafel, die das »Pfälzer-Gebet« vorstellt, errichtet 2001) übernimmt die weiß-blaue Strichmarkierung die Führung über weiche Waldpfade. Schon nach fünf Gehminuten knickt der gut bezeichnete Weg rechts ab (Wegweiser Drahtzug). Nach 30 Minuten führt das grüne Kreuz (Wegweiser in Richtung Weisenheim) nach rechts weiter und zieht hinab zum *Ungeheuersee*. Die Weisenheimer Hütte, direkt am See gelegen, ist während der Sommermonate an Wochenenden bewirtschaftet.

Vom See aus folgen wir dem weiß-roten Strich, nach fünf Minuten gilt es zu entscheiden, ob die Rundwanderung durch einen Abstecher nach Leistadt erweitert werden soll (grüner Punkt, sehr

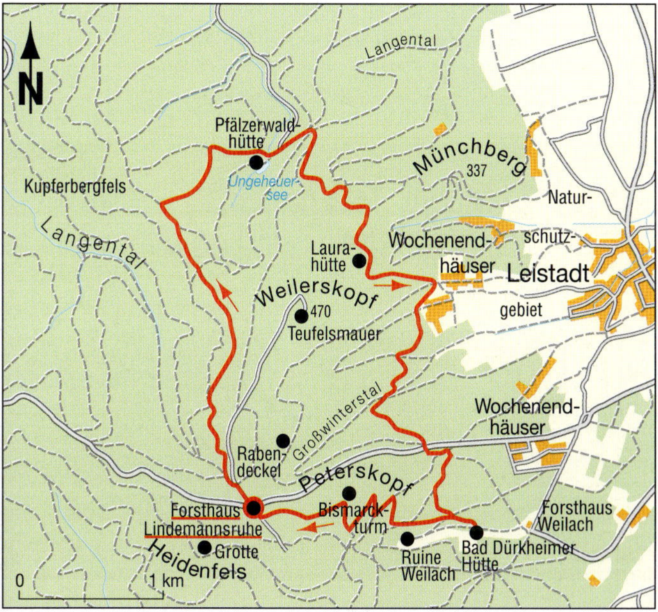

lohnend). Folgt man jedoch weiter dem weiß-roten Strich, führt unser Weg an der *Laura-Hütte* vorbei zu einer Wochenend-Siedlung am Waldrand. Hier ist genau auf die Markierung zu achten. Beim Einmünden in den mit grünem Punkt bezeichneten Weg, der von Leistadt heraufkommt, kann man diesem folgend direkt zum Parkplatz Lindemannsruhe zurückkehren. Geradeaus aber (weiß-roter Strich) wird das Fahrsträßchen gequert, und bald bietet die *Bad Dürkheimer Hütte* die nächste Einkehrmöglichkeit (nur an Wochenenden) an. Das letzte Wegstück führt hinauf zum *Bismarckturm* und zurück zum Parkplatz. Die empfohlene Variante über Leistadt verlängert den Rundweg um eine Wanderstunde mit zusätzlichen rund 160 Höhenmetern.

74 Auf Rundwegen um Freinsheim

Verkehrsmöglichkeiten Freinsheim liegt etwa acht Kilometer nordöstlich von Bad Dürkheim. Bahn und Bus in Richtung Grünstadt, Ludwigshafen und Bad Dürkheim – Neustadt.
Parkmöglichkeiten Parkplätze »Historische Altstadt«.
Wegmarkierungen Wegweiser »Stadtmauer-Rundweg«. Musikantenbuckel-Wanderweg (Weinbergpfahl mit Musikantensymbol). Wanderweg Schwarzes Kreuz (Weinbergpfahl mit Symbol Bildsäule). Blütenwanderweg (Weinbergpfahl mit Blütensymbol).

(© Ulrich Schnabel)

Tourenlänge Stadtmauer-Rundweg 1,3 Kilometer. Musikantenbuckel-Wanderweg 7 Kilometer. Wanderweg Schwarzes Kreuz 7 Kilometer. Blütenwanderweg 6 Kilometer.

Höhenunterschiede Keine nennenswerten Anstiege.

Wanderkarte 1:25 000 Bad Dürkheim und Umgebung.

Wissenswertes Freinsheim liegt inmitten eines Wein- und Obstgartens und gilt als guter Tip, wenn man Gästen »viel typische Pfalz auf engem Raum« bei einem Tagesausflug zeigen will. Das Städtchen blickt auf eine lange und oft leidvolle Geschichte zurück. Die Stadtmaueranlagen entstanden vermutlich zwischen 1400 und 1514 und gelten heute als einer der besterhaltenen Befestigungsringe der Pfalz.

Anmerkung Die empfohlenen Rundwege um die Stadt führen durch fast schattenlose Weinlagen und Obsthaine und sind im Frühjahr oder Herbst besonders reizvoll.

Stadtmauer-Rundweg: Der kurze und bequeme Rundgang wird zur interesanten Entdeckungstour und gibt Einblick in romantische Höfe und Ecken, deren südliches Flair an Südtirol oder an die Toskana erinnern. Wegweiser zeigen den Zugang an.
Musikantenbuckel: Der Name erinnert an die Wandermusikanten aus der Westpfalz, die vor Antritt ihrer oft langen Reisen hier Station machten und zur Begrüßung oder zum Abschied auf dem Hügel ein Ständchen darbrachten. Ausgangspunkt: Über die Alzeyer Straße in Richtung Sportplatz.
Wanderweg Schwarzes Kreuz: Der Rundweg berührt den uralten Kastanienhain am Hahnenweg (Naturdenkmal), den romanischen Friedhofsturm und das Fragment einer Kapelle aus dem 12. Jahrhundert. Ausgangspunkt: Über die Hauptstraße und Herxheimer Straße zum Holzweg.
Blütenwanderweg: Der Name enthält schon die Empfehlung für die Jahreszeit. Der Weg zieht durch ausgedehnte Obsthaine und durch ein einzigartiges Blütenmeer. Ausgangspunkt: Über die Badstraße zur Erpolzheimer Straße.

75 Vom Saupferch zum Drachenfels und zum Lambertskreuz

Verkehrsmöglichkeiten Keine Verbindung mit öffentlichen Verkehrsmitteln. Pkw-Zufahrt ab Bundesstraße 37, von Bad Dürkheim kommend nach der Papierfabrik oberhalb der Alten Schmelz Wegweiser zum Parkplatz Saupferch nach links. Gefährliche Abzweigung!
Parkmöglichkeiten Wanderparkplatz Saupferch am Ende des zwei Kilometer langen Stichsträßchens.
Wegmarkierungen Örtliche Rund Wegmarkierungen »2« und »3« und blauer Strich bis Drachenfels, dort örtlicher Wegweiser zum Südfelsen. Abstieg mit blauem Strich bis Einmündung in Wanderweg mit blau-weißem Strich. Damit über Siebenwege nach Lambertskreuz. Mit blau-rotem Strich durch das Dreibrunnental zum Ausgangspunkt.
Tourenlänge 14 Kilometer.
Wanderzeit 3½ Stunden.
Höhenunterschiede Insgesamt etwa 300 Höhenmeter, anhaltender Aufstieg zu Beginn der Rundwanderung bis Drachenfels.
Wanderkarte 1:25 000 Bad Dürkheim und Umgebung.
Wissenswertes In der Drachenkammer, einer interessanten Höhlenbildung am Drachenfels, hauste nach alter Sage der schaurige Lindwurm, den Siegfried, der Held der Nibelungensage,

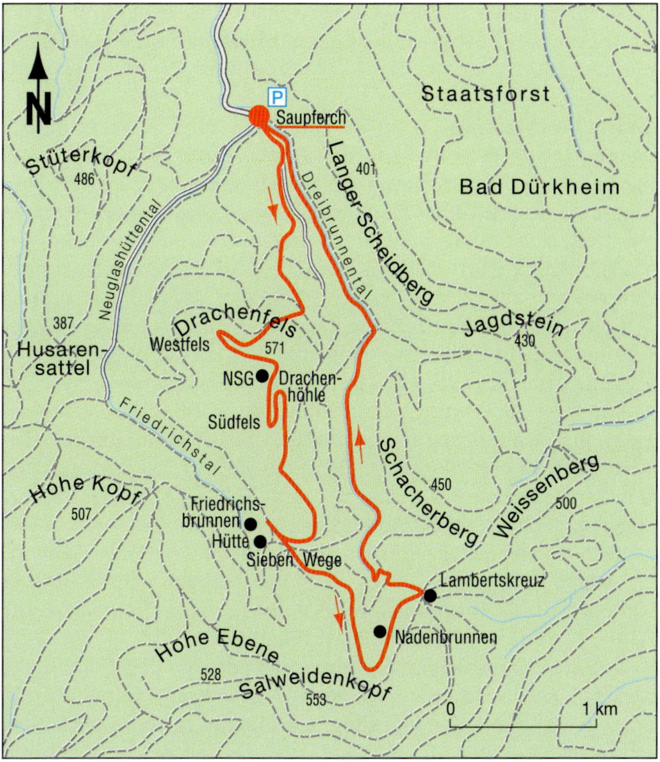

hier erschlagen hat. Eindrucksvoll sind die uralten Baumbestände im 13 Hektar großen Naturschutzgebiet, wenn auch die verheerenden Stürme des Jahres 1990 Wunden geschlagen haben. Im Jahre 1911 wurden hier die letzten Schlangenadler der Pfalz abgeschossen, und bis heute findet die scheue Wildkatze hier ihren Lebensraum. Der Drachenfels sollte nicht mit der gleichnamigen Felsenburg zwischen Bad Bergzabern und Dahn verwechselt werden (siehe Tour 20).

Der Stein am Lambertskreuz stammt aus dem 8. oder 9. Jahrhundert und ist dem heiligen Lambertus geweiht. Er kennzeichnet eine uralte Wegkreuzung aus der Römerzeit.

Anmerkung Auch diese Rundwanderung bietet eine bequeme Abkürzung. Nach dem Abstieg vom Drachenfels geht man bei Erreichen des Fahrweges nicht nach links in Richtung Lambertskreuz, sondern den schmalen Pfad geradeaus (markiert mit vielen Wanderzeichen). Nach dreiminütigem Abstieg wird eine Schutzhütte neben einer uralten Buche erreicht. Hier zeigt ein Wegweiser (blau-weißer Strich) den direkten Rückweg zum Wanderparkplatz Saupferch an.

Tourenbeschreibung Vom Parkplatz aus geht es direkt an der nahen Gaststätte vorbei (blauer Strich). Unser Weiterweg biegt bald nach rechts vom Hauptweg ab (Markierung beachten). Nun folgt eine Stunde Steigarbeit auf schönem Sandweg, bis sich vom Westfelsen des Drachenfels ein weiter Rundblick über das Wäldermeer öffnet. Der Wanderpfad führt über den Sporn des *Drachenfels* durch das Naturschutzgebiet mit seinen uralten Baumbeständen. Vogelfreunde haben hier ein interessantes Beobachtungsfeld. In Höhe der Drachenhöhle zeigt ein Wegweiser den kurzen Abstecher zum Südfelsen (schöner Rastplatz).

Nun folgt der Abstieg, der unterhalb der Felsenbastion entlangzieht, den Wanderweg mit gelb-rotem Strich aufnimmt und bei einem befestigten Weg in den mit blau-weißem Strich markierten Wanderpfad einmündet, dem wir nach links folgen. Hier Abkürzungsmöglichkeit (siehe Anmerkung).

Nach wenigen Schritten ist der Punkt *Sieben Wege* (421 m) erreicht. Ein breiter Sandweg steigt nun langsam an und führt in weitem Bogen am Nadenbrunnen vorbei zum *Lambertskreuz* (Einkehrstätte des Pfälzerwald-Vereins).

Direkt beim Wanderheim beginnt der Abstieg (blau-roter Strich, Wegweiser Saupferch 4,5 km). Nach etwa 30 Minuten Gehzeit verläßt die Wegmarkierung den Hauptweg und folgt einem schmalen Pfad, der wenige Meter über der Sohle des Dreibrunnentales zum Ausgangspunkt Saupferch zurückführt.

76 Von Frankenstein zum Forsthaus Schorlenberg und durch das Diemersteiner Tal

Verkehrsmöglichkeiten Frankenstein liegt westlich von Bad Dürkheim an der B 37 in Richtung Kaiserslautern. Bahn- und Busverbindungen in Richtung Kaiserslautern, Neustadt und Bad Dürkheim.
Parkmöglichkeiten Am Beginn des Diemersteiner Tals (Wegtafeln zu den Sportanlagen am Ortsausgang von Frankenstein in Richtung Hochspeyer).
Wegmarkierungen Grün-blauer Strich bis Forsthaus Schorlenberg, weißes Kreuz und weiß-grüner Strich durch das Diemersteiner Tal oder grüner Strich und gelber Strich über Wattenheimer Häuschen.

Burgruine Diemerstein, darunter das »Schlößchen«, einst Wohnsitz von Paul Camille von Denis, dem Erbauer der ersten deutschen Eisenbahn

(© Heinz R. Wittner)

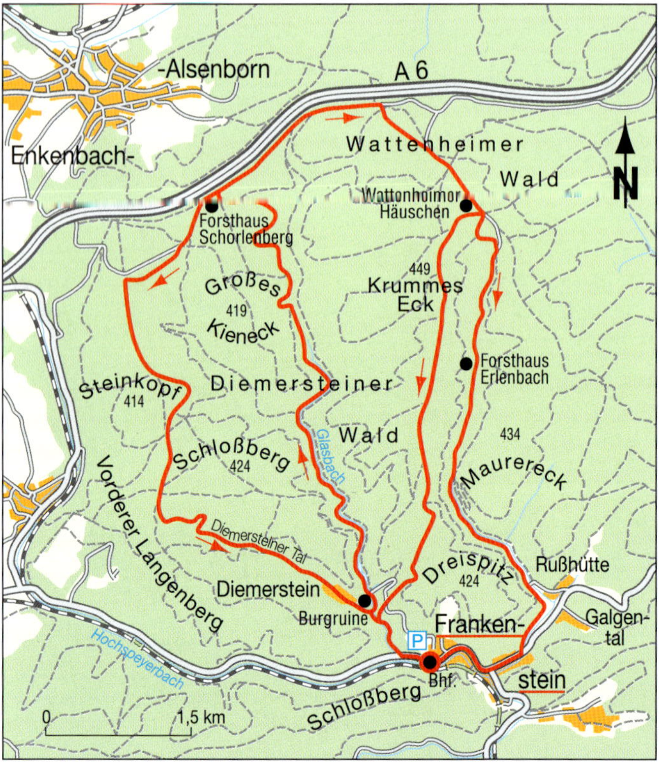

Tourenlänge 16 Kilometer.
Wanderzeit 4 Stunden.
Höhenunterschiede Insgesamt etwa 250 Höhenmeter, gleichmäßiger Anstieg zum Forsthaus Schorlenberg.
Wanderkarte 1:25 000 Enkenbach-Alsenborn – Hochspeyer.
Wissenswertes Der klassizistische Bau am Fuße der Burgruine Diemerstein war Wohnsitz von Paul Camille von Denis, dem Erbauer der ersten Eisenbahnstrecke auf deutschem Boden zwischen Nürnberg und Fürth. Burg Diemerstein wurde um 1200 erbaut und im Dreißigjährigen Krieg zerstört. Im Jahre 1521 hielt sich Ulrich von Hutten in diesem Felsennest verborgen. Auf der gegenüberliegenden Talseite liegt Burg Frankenstein, die im Bauernkrieg (1525) zerstört wurde. Zu beiden Burgruinen führen kurze und durchaus lohnende Abstecher.
Anmerkungen Die Rundwanderung einschließlich der empfohlenen Variante führt in ausgedehnte und wenig begangene Wald-

gebiete, berührt aber keine touristischen Höhepunkte. Am nördlichen Wendepunkt wird die Autobahn berührt. Beeren- und Pilzsammler schätzen diese Gegend besonders.

Tourenbeschreibung Beim Parkplatz am Fuße der Burgruine Diemerstein gabeln sich die Wanderwege. Wir halten uns nach rechts und wandern an Forellenteichen vorbei in einer Stunde zum *Siebenbrunnen* (Rastplatz, Quellfassung mit 7 Röhren, Neuanlage 1998). Bald hören wir, daß es bis zum *Forsthaus Schorlenberg* nicht mehr weit sein kann, denn es liegt genau an der Autobahn. Beim ehemaligen Forsthaus (Turm) sind wir kurz der Geräuschkulisse des Fernverkehrs ausgesetzt, aber die Aussicht über die Autobahn hinweg nach Norden entschädigt dafür. Mit dem Wegweiser weißes Kreuz wenden wir uns nach links. Bald mündet die Markierung weiß-grüner Strich in unseren Weg ein und begleitet uns durch das *Diemersteiner Tal* zum Ausgangspunkt zurück.

Variante Vom ehemaligen Forsthaus aus folgen wir der Hochstraße entlang der Autobahn nach rechts, bis nach 2 Kilometern der mit gelbem Strich bezeichnete Wanderweg durch einen Tunnel unter der Autobahn von links kommt. Nach wenigen Schritten biegen wir mit dieser Markierung rechts ab und folgen einem betonierten Fahrsträßchen bis zum *Wattenheimer Häuschen* (Rastplatz).

Der gelbe Strich geleitet uns weiter nach Süden bis zum Ausgangspunkt unserer Wanderung. Allerdings hat sich der schöne

(© Christina Garstecki)

Waldweg im Jahre 2001 in einen breiten Wirtschaftsweg verwandelt. Ab Wattenheimer Häuschen kann man auch den örtlichen Wegweisern zum *Forsthaus Erlenbach* folgen (Wanderparkplatz). Das letzte Wegstück führt dann durch das schöne *Erlenbachtal* nach *Frankenstein* zurück.

77 Vom Kurpfalzpark Wachenheim zum Eckkopfturm

Verkehrsmöglichkeiten Keine günstige Verbindung mit öffentlichen Verkehrsmitteln. Zufahrt mit Pkw über Wachenheim oder Gimmeldingen (zahlreiche Wegweiser zum Wildpark).
Parkmöglichkeiten Große Parkflächen vor dem Wildpark, gebührenfrei.
Wegmarkierungen Rotes Dreieck zum Eckkopfturm, mit weißem Punkt (Wegweiser Stabenberg) bis zum Weißen Stich, mit rot-weißem Strich zum Rotsteig (Wildpark) zurück.
Tourenlänge 7 Kilometer.
Wanderzeit 2 Stunden.
Höhenunterschiede Insgesamt etwa 230 Höhenmeter, direkter Anstieg zum Eckkopf.
Wanderkarte 1:25 000 Bad Dürkheim und Umgebung.
Wissenswertes Unbekannte Täter haben den Eckkopfturm 1974 niedergebrannt. Seit 1975 beherrscht die kühne Stahlrohr-

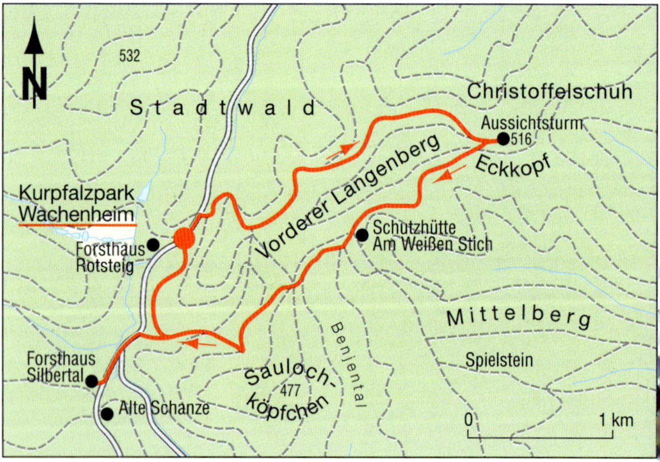

konstruktion des neuen Turmes den Berg. Der Turm ist 24,5 Meter hoch und erreicht eine Meereshöhe von 541 Metern. An Wochenenden besteht Einkehrmöglichkeit.
Anmerkung Ab weißer Stich kann mit blau-gelbem Wanderzeichen auch zum Forsthaus Silbertal und ab dort zum Wildpark gewandert werden. Die Wanderstrecke verlängert sich dadurch um 2,5 Kilometer.

Tourenbeschreibung Direkt gegenüber dem oberen Parkplatz vor dem Wildpark zeigt das Wegzeichen rotes Dreieck den Anstieg zum Eckkopfturm an. Die Höhenunterschiede halten sich bei dieser »Bergtour« in Grenzen, da der Ausgangspunkt bereits über 300 Meter Meereshöhe liegt. Der Aufstieg braucht nicht weiter beschrieben zu werden, es ist nur darauf zu achten, daß der Wanderpfad nach 15 Minuten gut markiert nach rechts abzweigt.

Der Rückweg führt über einen schönen Hangpfad zum Weißen Stich (Schutzhütte, 472 m) und schnell wieder zurück zum Ausgangspunkt.

78 Von Ramsen zur Klosterruine beim Rosenthaler Hof

Verkehrsmöglichkeiten Busverbindungen nach Enkenbach und Kaiserslautern. Bahnverbindung nach Mannheim.
Parkmöglichkeiten Entlang der Hauptstraße oder beim Friedhof, etwas außerhalb des Dorfes.
Wegmarkierungen Blauer Strich bis Rosenthaler Hof, mit gelbem Strich zurück nach Ramsen.
Tourenlänge 8 Kilometer.
Wanderzeit 2 Stunden.
Höhenunterschiede Insgesamt etwa 250 Höhenmeter, verteilt auf leichte Anstiege, steiler aber kurzer Anstieg nach Stauf.
Wanderkarte 1:25 000 Grünstadt und Leininger Land.
Wissenswertes Das *Kloster Rosenthal* ist ein verstecktes Kleinod. Die 1241 gegründete Klosteranlage war elf Jahre lang Grabstätte König Adolfs von Nassau, ehe er im Dom zu Speyer seine letzte Ruhe fand. Teile des Langhauses, Überreste der gotischen Fensterbogen und ein keckes Türmchen sind noch erhalten. Von den Gebäuden des landwirtschaftlichen Anwesens fast erdrückt, bildet das kleine Klösterchen eine romantische Idylle der Abgeschiedenheit. Der historische Verein Rosenthal hat eine kleine Broschüre über die Geschichte des Klosters herausgegeben. Sie ist beim Kloster erhältlich.

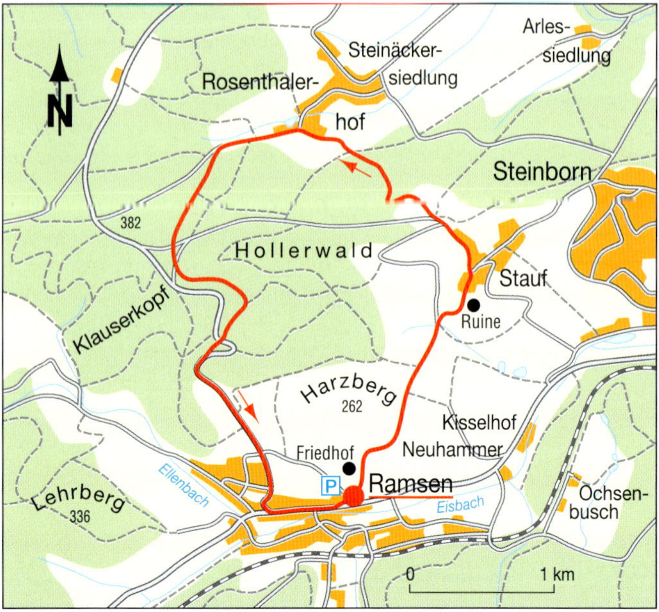

Anmerkung »Die Ruinen der ehemaligen Burg Stauf erheben sich vor uns auf dem runden, von Menschenhand gebildeten Hügel; um sie her, teilweise auf ihren Trümmern, die Häuschen des Dorfes, das hoch genug hier oben liegt, während jenseits des weiten Eisgrundes, über eine Stunde weit gegenüber das Dorf Wattenheim auf dem Berghang liegt. Wird dort bei stillem Wetter ein lautes Wort gesprochen, soll man es hier in Stauf deutlich vernehmen«. Der bekannte Pfälzer Heimatdichter August Becker hat diese Feststellung niedergeschrieben, als es noch keinen motorisierten Verkehr gab. Ob ein solches »Ferngespräch« heute wohl noch möglich wäre?

Tourenbeschreibung Die *Stauferstraße* beginnt in der Ortsmitte von Ramsen beim Kriegerdenkmal und führt hinaus zum Friedhof. Wir folgen dem kaum befahrenen Fahrsträßchen. Es schlängelt sich über freies Feld und über eine flache Anhöhe zum Fuß des Berges, auf dessen Höhe Dorf und Ruine Stauf liegen. Bei den ersten Büschen am Abhang beginnt der schmale, steile und gut bezeichnete Aufstieg.

Entlang des Bergtraufs durchwandern wir das Dörflein nach links bis zu seinem Ende (Hohe Straße). Bei einer Schranke verläßt der Wanderweg den Fahrweg und führt hinab zum *Rosenthaler Hof*. Nach Besichtigung der Klosterreste entdecken wir am kleinen See den gelben Strich als Wegmarkierung. Mit ihm wandern wir nach *Ramsen* zurück.

79 Der Keltenweg auf dem Donnersberg

Der Donnersbergkreis wirbt mit dem Slogan »In der Pfalz ganz oben« für seine Region, denn am Königstuhl, einem Porphyrfelsen auf dem Hochplateau des Bergstockes, befindet sich mit 687 Metern der höchste Punkt in der Pfalz.

Der Donnersberg, heute überragt vom mehr als 200 Meter hohen Fernsehturm, ist uraltes Siedlungsgebiet. Seit dem 13. Jahrhundert stand hier eine dem Apostel Jakobus geweihte Wallfahrtskapelle, und im 14. Jahrhundert wurde ein Kloster errichtet, das bis zum Dreißigjährigen Krieg Bestand hatte. Eine Sakramentsnische, eingemauert im Waldhaus (Gaststätte), ist das letzte Zeugnis dieses Klosters. Später entstand auf der Hochfläche ein Hofgut, bis es Mitte des 19. Jahrhunderts vom bayrischen Staat aufgekauft, abgebrochen und das Gelände aufgeforstet wurde.

Viel älter aber sind die keltischen Spuren einer stadtähnlichen Siedlung (Oppidum) aus dem letzten vorchristlichen Jahrhundert. Es handelt sich dabei um eine der größten Anlagen in Mittel-

Nachbildung der Keltenmauer (»murus gallicus«) auf dem Donnersberg

(© Heinz R. Wittner)

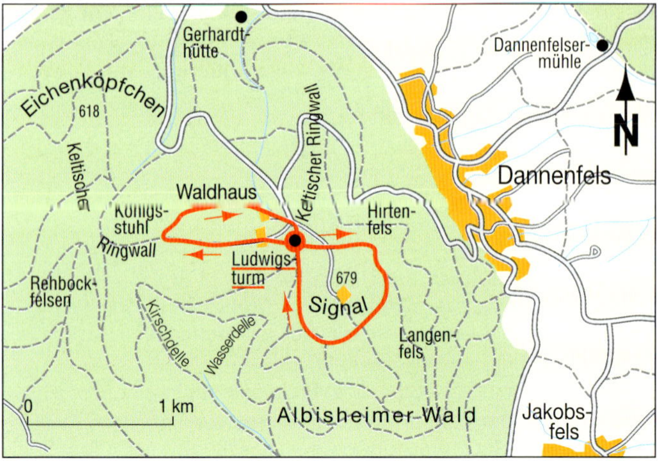

europa. Das Ringwallsystem ist 8,5 Kilometer lang und umfaßt eine Fläche von 240 Hektar.

Der bezeichnete Keltenweg folgt einem Teil dieses Ringwalles und führt zu den archäologischen Ausgrabungen und Rekonstruktionen. Der Rundweg nimmt 1–2 Wanderstunden in Anspruch, je nach Länge der Verweildauer bei den einzelnen Informationstafeln. Die beschilderte Zufahrt zum Donnersbergplateau führt über Bastenhaus oder Dannenfels zu den hoch gelegenen Parkplätzen. Der Rundweg führt zunächst in nördliche Richtung und kann durch einen Abstecher zum nördlichen Vorposten ausgedehnt werden. Teils neben, teils direkt auf der Wallkrone wird der Aussichtspunkt Königstuhl erreicht. Der letzte Wegabschnitt führt am Fernsehturm vorbei zum Ludwigsturm und hinab zu den Parkplätzen.

Eine Beschreibung der keltischen Anlage mit ausführlichen geschichtlichen Erläuterungen und einer Kartenskizze im Maßstab 1:5 000 ist bei den Touristbüros der umliegenden Gemeinden erhältlich.

80 Von Dannenfels über den Donnersberg nach Falkenstein

Verkehrsmöglichkeiten Dannenfels liegt am nordöstlichen Rand des Donnersbergmassivs, Busverbindung nach Kirchheimbolanden, Grünstadt und Rockenhausen.

Parkmöglichkeiten An der Spitzkehre der Donnersbergstraße in Höhe des Hotels Kastanienhof.

Wegmarkierungen Markierung »W« bis Abzweig hinter dem Königsstuhl, weißes Kreuz bis Krummkehr, gelber Strich bis Falkenstein, roter Strich, weißer Punkt, weißes Kreuz und blau-roter Strich bis Dannenfels.

Tourenlänge 21 Kilometer.

Wanderzeit 6 Stunden.

Höhenunterschiede Insgesamt etwa 400 Höhenmeter, kräftiger Anstieg zwischen Dannenfels (420 m) und Donnersberg (687 m).

Wanderkarte 1:25 000 Donnersberg und Umgebung.

Wissenswertes *Donnersberg* siehe Tour 79.

Dannenfels ist ein altbekannter Ausflugs- und Luftkurort und liegt in malerischer Lage am Osthang des Donnersberges. Eine 600 Jahre alte Kastanie mit einem Umfang von acht Metern ist das Wahrzeichen des Dorfes, wenn sie auch seit 150 Jahren innen hohl ist und nur noch einen großen Ast besitzt.

Falkenstein ist die besterhaltene aller Burgruinen im Bereich des Donnersberges. Die Burg entstand im Jahre 1125 als Reichslehen der Herren von Bolanden und wurde 1647 zerstört. Teile des Burgfrieds und der Schildmauer sind noch erhalten.

Falkenburg, einst eine kühne Felsenburg, heute ein beliebtes Wanderziel; siehe Tour 33 (© Heinz R. Wittner)

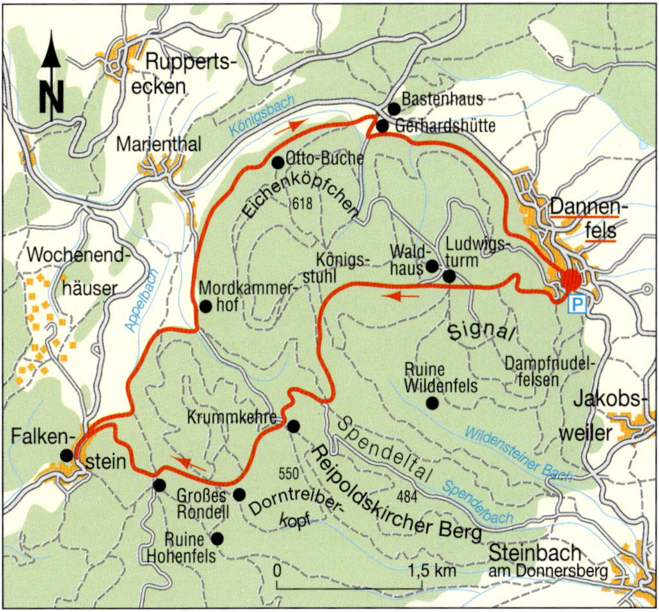

Tourenbeschreibung Beim Parkplatz oberhalb des Dorfes entdecken wir an der nach links abzweigenden Straße die Wanderwegmarkierung »W« zum Ludwigsturm. Der kräftige Anstieg führt hinauf zum *Hirtenfels*, von dem eine alte Beschreibung berichtet: »Es ist ein gar schattiger, erhabener Felsensitz … Der Lauf des Rheines von Bingen und Mainz bis unterhalb von Speyer, selbst der Main und der Neckar sind zu erkennen …« Es gehören aber sicher Adleraugen und ein Traumwetter dazu! Beim Ludwigsturm überschreiten wir den keltischen Ringwall und wandern hinüber zum *Königsstuhl*, der höchsten Erhebung des Donnersberges und der ganzen Pfalz.

Bald übernimmt das weiße Kreuz die Führung bis *Krummkehr*, dann folgen wir dem gelben Strich über *Grohes Rondell* zur Kronbuche, wo an Sommersonntagen eine Einkehrmöglichkeit besteht. Der Abstieg nach Falkenstein ist schnell geschafft, steil über dem Dörflein erhebt sich die Ruine. Der rote Strich führt am Waldrand entlang zum Mordkammerhof.

Unser Weiterweg folgt dem Nordrand des Donnersbergs und mündet in Höhe des Gasthofes *Bastenhaus* in die Zufahrtsstraße zum Donnersberg ein. Wir überschreiten die Straße und finden am Waldrand den Wegweiser nach Dannenfels. Ein schöner Weg führt zum Ausgangspunkt zurück.

81 Von Imsbach zur Ruine Hohenfels und zur Kronbuche

Verkehrsmöglichkeiten Imsbach liegt am Südrand des Donnersbergs, gute Busverbindungen in Richtung Kaiserslautern.
Parkmöglichkeiten In der Ortsmitte oder am Eisernen Tor, zwei Kilometer nordöstlich des Dorfes, beschilderte Zufahrt zum Wanderparkplatz Glenanthstraße.
Wegmarkierungen Schwarzes und blaues »W« bis Grohes Rondell, gelber Strich bis Kronbuche, blauer Punkt bis Imsbach oder ohne Markierung (siehe Beschreibung) zum Eisernen Tor.
Tourenlänge 10 Kilometer.
Wanderzeit 3 Stunden.
Höhenunterschiede Insgesamt etwa 300 Höhenmeter, kräftiger Anstieg vom Eisernen Tor zum Beutelfels.
Wanderkarte 1:25 000 Donnersberg und Umgebung.
Wissenswertes Imsbach bietet mit dem Besucherbergwerk »Weiße Grube« ein besonders interessantes Ausflugsziel. Schon in römischer Zeit wurde hier Bergbau auf Eisen und Kupfer betrieben. Seit 1979 ist der Stollen zugänglich, auch ein Grubenrundwanderweg wurde eingerichtet, und im Heimatmuseum werden Bergwerksgeräte und Mineralien gezeigt.

 Stollenmund der »Weißen Grube« bei Imsbach (© Heinz W. Wittner)

Tourenbeschreibung Ab Ortsmitte Imsbach wandern wir über Triftstraße und Kupferbergstraße hinaus zum *Wanderparkplatz am Eisernen Tor*, der auch als Startpunkt dieser Rundwanderung dienen kann. Direkt beim Parkplatz, an einem Gedenkstein aus dem Jahre 1998, beginnt der anfänglich steile Aufstieg, der nach 25 Minuten zur *Löwenbergruhe* führt (winziges Bänkchen, schöne Aussicht). Es geht über auffallenden Gesteinsschutt weiter bergan zum *Beutelfelsen*, der wenige Meter links des Weges liegt. (Trompeterfigur). Hier erreichen wir einen der interessantesten Aussichtspunkte im Donnersberggebiet. Wenig später ist die *Ruine Hohenfels* zu entdecken. Allerdings ist die Aussicht verwachsen und eine Tafel weist darauf hin, daß »Hobbyarchäologen« hier zerstörerisch am Werke waren. Über *Grohes Rondell* wandern wir auf gut beschilderten Wegen zur *Kronbuchenhütte* (im Sommer an Wochenenden meist bewirtschaftet).

Unterhalb der Hütte übernimmt der blaue Punkt die Führung in Richtung Imsbach. Es geht allmählich abwärts und wer die Wanderung im Dorf angetreten hat, bleibt auf diesem Weg. In Höhe einer Informationstafel über die Entstehung des Donnersbergs biegt jedoch ein Weg nach links ab (Grubenpfad). Dieser führt direkt hinab zum Wanderparkplatz am Eisernen Tor.

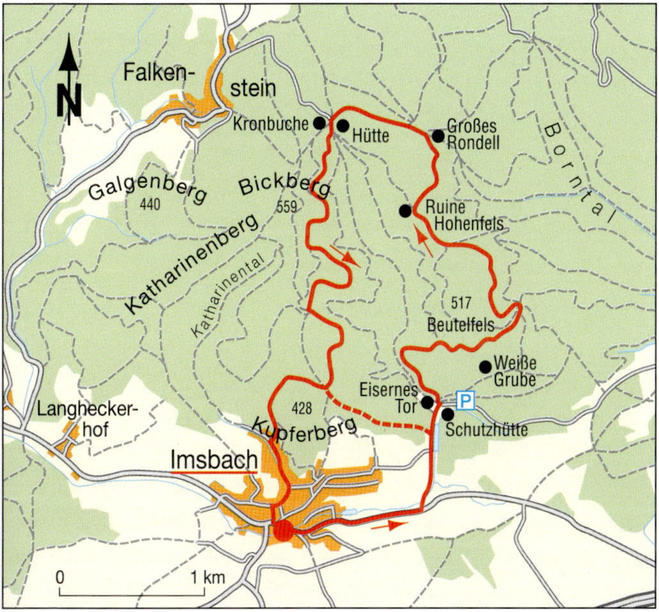

82 Von Steinbach über den Donnersberg zur Weißen Grube

Verkehrsmöglichkeiten Das Gebiet um den Donnersberg liegt rund 20 Kilometer nördlich von Kaiserslautern. Busverbindungen ab Steinbach nach Kirchheimbolanden und Winnweiler.
Parkmöglichkeiten Beim Bürgerhaus in der Ortsmitte.
Wegmarkierungen Blauer Strich über Hirschdelle zum Donnersberg-Plateau, weißes Kreuz bis Waldhaus Klausberg, weißes Dreieck bis Steinbach.
Tourenlänge 20 Kilometer.
Wanderzeit 6 Stunden.
Höhenunterschiede Insgesamt 520 Höhenmeter, anhaltender Aufstieg zwischen Steinbach (270 m) und Donnersberg (687 m).
Wanderkarte 1:25 000 Donnersberg und Umgebung.
Wissenswertes *Donnersberg* siehe Tour 79.

Die empfohlene Rundwanderung bietet einen Abstecher zum Besucherbergwerk »Weiße Grube« an. Näheres siehe Tour 81.

Tourenbeschreibung Beim Bürgerhaus in der Ortsmitte von *Steinbach* vermittelt eine große Übersichtstafel Informationen

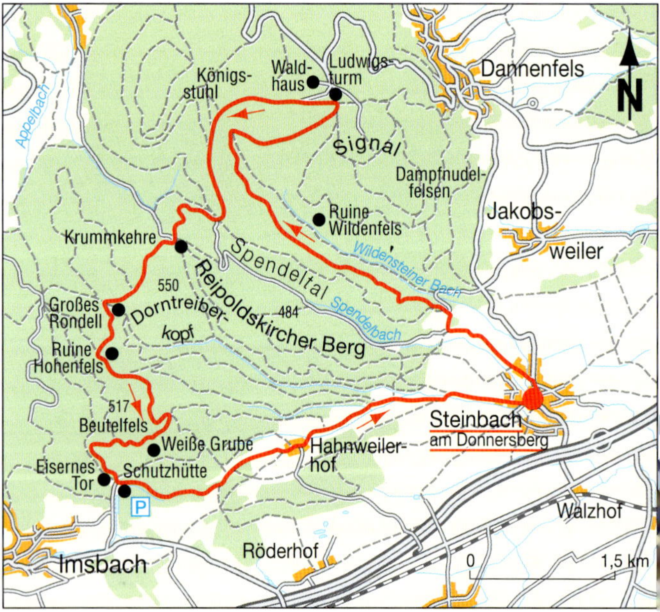

Dannenfels, die »Dick Kescht« (© Heinz R. Wittner)

über das Wandergebiet Donnersberg. Wir kommen über Bachbergstraße und Marienthaler Straße zum Ortsrand beim Sportgelände. Zunächst übernimmt die Markierung blauer Strich die Führung, ein steinerner Wegweiser gibt vor Erreichen des Waldrandes die weitere Richtung an. Nun folgt der beträchtliche Anstieg zum Donnersberg-Plateau, wo das *Waldhaus* Einkehrmöglichkeit bietet. Vom *Ludwigsturm* bietet sich eine schöne Rundsicht. Mit der roten Wegmarkierung kommen wir beim *Königsstuhl* zum höchsten Punkt des Pfälzer Berglandes (687 m). Beim Königsstuhl vertrauen wir uns dem weißen Kreuz an (Wegweiser Krummkehr). Der reizvolle Höhenweg führt über die Wegspinne *Krummkehr* zur Kreuzung *Grohes Rondell*. Hier wenden wir uns nach links (Süden) und wandern mit dem weißen Kreuz an den Überresten der Burg Hohenfels vorbei zum aussichtsreichen Rastplatz auf dem Beutelfels und zum *Waldhaus Klausberg*. Hier bietet sich der kleine Umweg zum Besucherbergwerk *Weiße Grube* an. Der Rückweg nach Steinbach über den *Hahnweilerhof* ist mit dem weißen Dreieck lückenlos bezeichnet.

83 Die großen Westpfalz-Wanderwege

Ein dichtes Netz mehrtägiger Wanderungen erschließt dem Wanderer die schönsten und interessantesten Punkte und Wegstrecken der Pfalz. Dabei werden ihm die Sorgen um ein Nachtquartier und der Gepäcktransport abgenommen.

Ausführliche Informationen zu den aufgeführten Streckentouren gibt das Verkehrsamt der Stadt Kaiserslautern.

Wasgau-Wanderweg: Ausgangspunkt ist Hinterweidenthal an der B 10, Bahnstation der Strecke Karlsruhe – Landau – Saarbrücken. Der Wasgau-Wanderweg führt in fünf oder sechs Tagesetappen (110 bzw. 125 km) durch das Herzstück des Burgen- und Felsenlandes, endet am Ausgangspunkt Hinterweidenthal, bietet aber auch Varianten in das benachbarte Elsaß an.

Pirminius-Wanderweg: Ausgangs- und Zielpunkt ist Waldfischbach-Burgalben an der B 270, Bahnstation der Strecke Kaiserslautern – Pirmasens. Die sechstägige Rundtour über 110 Kilometer folgt den Spuren des Glaubensapostels Pirmin und berührt das Wandergebiet um Leimen, Hauenstein und Pirmasens.

Barbarossa-Wanderweg: Die viertägige Rundwanderung über 80 Kilometer beginnt und endet beim Seehotel Gelterswoog in Kaiserslautern-Hohenecken. Die Wanderung führt zum Johanniskreuz und durch die riesigen Waldgebiete im Herzen des Pfälzerwaldes, wo einst Kaiser Rotbart jagte.

Burgen-Wanderweg: Sagenumwobene Burgen und bizarre Sandsteinfelsen säumen den Weg dieser fünf- oder sechstägigen Rundwanderung ab Merzalben. Dahn, Nothweiler, Fischbach und Lemberg sind Stationen dieser Wanderung über 84 oder 103 km.

Herzog-Christian-Wanderweg: In 5 Wandertagen über 100 Kilometer erschließt sich der nördliche Teil des alten Herzogtums Pfalz-Zweibrücken mit der Burg Lichtenberg als Mittelpunkt. Ausgangspunkt ist der Ort Schönenberg Kübelberg am Nordrand der Westricher Niederung.

Musikantenland-Wanderweg: Start- und Zielpunkt der sechstägigen Wanderung ist die Stadt Kusel, Endstation der Bahnlinie ab Kaiserslautern. Der Name des Weges erinnert an die Pfälzer Musikanten, die einst weit über Europas Grenzen hinauszogen. Der Musikantenweg erreicht Friedelhausen, Wolfstein, Lauterecken, Offenbach-Hundheim und Bedesbach.

Als Varianten werden angeboten: Potzberg-Burg Lichtenberg-Wanderweg (drei Wandertage, 40 Kilometer). Glan-Lautertal-Höhenwanderweg (drei Wandertage, 45 Kilometer).

Donnersberg-Wanderweg: In drei Wandertagen und über 67 Kilometer Wegstrecke wird der höchste Gebirgsstock der Pfalz erwandert. Weite Wälder, Erzstollen und Weinberge säumen diesen Wanderweg, in den der Weinwanderweg Zellertal einbezogen werden kann.
Saarpfalz-Wanderweg: Der Rundweg beginnt und endet in Landstuhl und bietet sich als fünftägige (105 km) oder sechstägige (125 km) Wanderung an. Diese Tour führt »grenzüberschreitend« ins Saarland. Römische Ausgrabungen, Klöster und mittelalterliche Burgen liegen am Weg, die Übernachtungen sind u. a. in Landstuhl, Zweibrücken und Blieskastel vorgesehen.
Kelten- und Weinwanderweg: Ausgangspunkt dieser über sechs Wandertage führenden Rundstrecke ist Alsenborn. Auf 120 Wanderkilometern spannt sich der Bogen vom Donnersberg bis zu den Rebdörfern an der Deutschen Weinstraße.
Pfalzgrafen-Wanderweg: Von Kaiserslautern-Hohenecken führt der sechstägige Rundweg über 108 Kilometer in die legendären Jagdreviere des »Jägers aus Kurpfalz«. Auch diese Wanderung berührt die großen Waldgebiete um das Johanniskreuz, weitere Stationen sind u. a. Elmstein, Frankenstein und Hochspeyer.

Kolmerkapelle bei Dörrenbach (© Heinz R. Wittner)

Der Wanderweg »Deutsche Weinstraße«

Die Deutsche Weinstraße beginnt an der deutsch-französischen Grenze bei Schweigen am Weintor, endet bei Bockenheim im Norden und wird viel gepriesen und noch mehr befahren. Kein Wunder, daß sich eine rührige Fremdenwerbung auch um den Wanderer bemüht, denn »Laufkundschaft« ist in Weinbaugebieten stets willkommen, darf der Wanderer doch eher zum Glase greifen als der motorisierte Durchgangsgast.

Der Wanderweg Deutsche Weinstraße begleitet die berühmte Touristenstraße, führt durch heimelige Dörfer und bekannte Weinlagen, verlockt überall zu gastlicher Einkehr und empfiehlt sich als weinfrohes Wandervergnügen. Und doch sollte man sich nicht starr an die einheitliche Wegmarkierung durch die Weintraube halten, denn der Wanderweg läßt die reizvollen Höhen, Burgen, Schlösser und Wälder entlang der Haardt zu oft »links liegen«, um nur ja das Rebland nicht zu verlassen und seinem Namen als Weinpfad gerecht zu werden. So wird es nicht nur an heißen Sommertagen verlockend sein, die etwas krampfhafte Streckenführung zu verlassen und nahe Ziele zu erwandern. Auf einige lohnende Abstecher wird in den einzelnen Vorschlägen verwiesen, doch bieten sich dem Wanderer noch viele zusätzliche Möglichkeiten.

Der Wanderweg Deutsche Weinstraße wurde von Schweigen bis Grünstadt sorgfältig erwandert und beschrieben. Reblandumlegungen, Straßenbauten und andere Veränderungen können jedoch die Streckenführung immer geringfügig beeinflussen.

1. Wandertag

84 Vom Deutschen Weintor in Schweigen-Rechtenbach nach Bad Bergzabern

Verkehrsmöglichkeiten Busverbindung nach Bad Bergzabern.
Parkmöglichkeiten In der Nähe des Weintors.
Wegmarkierungen Grüne Weintraube oder örtliche Markierungen.
Tourenlänge 10 Kilometer (ohne Variante über den Stäffelsberg).
Wanderzeit 2½ Stunden.
Höhenunterschiede Insgesamt etwa 150 Höhenmeter, verteilt auf mehrere kurze Anstiege.
Wanderkarte 1:25 000 Bad Bergzabern mit elsäss. Grenzgebiet.

Wissenswertes Deutsches Weintor und Weinlehrpfad in Schweigen-Rechtenbach siehe Tour 8. Das reizvoll gelegene Dörflein Dörrenbach wird auch das »Dornröschen der Pfalz« genannt. Sein Fachwerk-Rathaus gilt als das schönste der ganzen Pfalz. Eine besondere Sehenswürdigkeit ist die Kirchenburg mit dem befestigten Friedhof aus spätgotischer Zeit. Die Berge um Dörrenbach werden vom Aussichtsturm auf dem Stäffelsberg überragt.

Am Tagesziel Bad Bergzabern verlockt das moderne Thermalbad zu entspannender Erfrischung.

Anmerkung Für den Teilabschnitt zwischen Schweigen-Rechtenbach und Maikammer hat der Fremdenverkehrsverein Südliche Weinstraße einen Prospekt erarbeitet, der Kurzbeschreibungen der erwanderten Orte enthält.

Tourenbeschreibung Der Ausgangspunkt des Wanderwegs Deutsche Weinstraße liegt ganz in der Nähe des Deutschen Weintors und beginnt dort, wo das Fahrsträßchen zum Ortsteil Rechtenbach abzweigt.

Ein Holzwegweiser links des Weges macht uns mit dem Markierungszeichen »Traube« vertraut, das uns über die gesamte Wegstrecke begleiten soll. Vor den ersten Häusern von *Rechtenbach* wenden wir uns nach links, folgen dem Ortsrand und gewinnen in

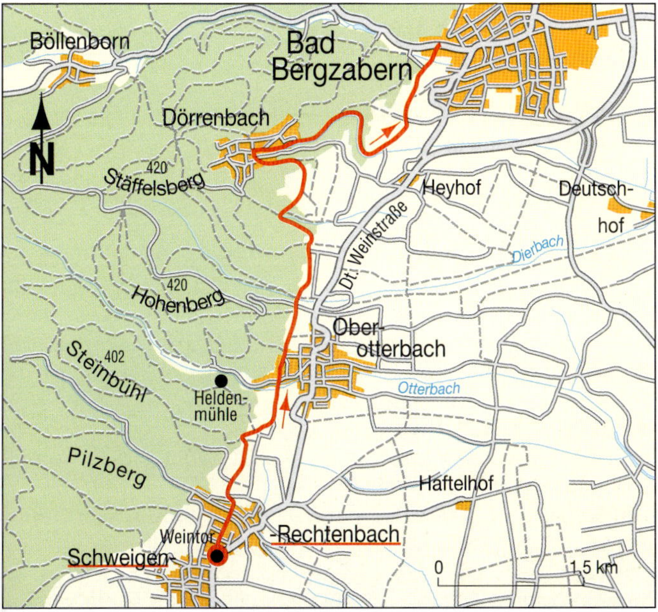

ganz kurzem Serpentinenanstieg die Höhe zwischen Waldrand und Weinbergen. Der Weg wechselt hier mehrmals ganz unvermittelt seine Richtung und zwingt den Wanderer zur genauen Beachtung der Markierung, die allerdings lückenlos ist.

Bald empfängt uns *Oberotterbach* mit seinen malerischen Ecken und Winkeln. Hier gehen wir nur einige Schritte die Oberdorfstraße abwärts, bis die Traube nach links durch die Eichhorngasse weist. Über den Lenkerweg verlassen wir das Dorf, biegen kurz vor der Weinstraße wieder links ab und wandern an gesprengten Bunkeranlagen vorbei, die noch an die Schrecken des 2. Weltkrieges erinnern. Durch den Wald und Weinberge kommen wir hinab in das romantische Weindorf *Dörrenbach*. Das letzte Wegstück nach Bad Bergzabern ist gut bezeichnet, und wir erreichen das Staatsbad über die Weinhänge des Metzenbühl und Wonneberg.

Empfehlenswerte Variante: Mit örtlichen Wegmarkierungen (Informationstafel am Rathaus Dörrenbach) hinauf zum Stäffelsberg mit seiner herrlichen Aussicht vom Turm. Abstieg zum Wasserwerk *Am Bild*, wenig unterhalb des Stäffelsberg. Mit weißem Dreieck und blauem Kreuz hinab nach Bad Bergzabern. Zusätzlicher Anstieg von etwa 200 Höhenmetern ab Dörrenbach zum Stäffelsberg, etwa drei Kilometer zusätzliche Wanderstrecke.

2. Wandertag

85 Von Bad Bergzabern über Klingenmünster nach Eschbach

Verkehrsmöglichkeiten Zahlreiche Bahn- und Busverbindungen nach Bad Bergzabern.

Parkmöglichkeiten Parkplatz am Wonneberg, Zufahrt durch die Kurtalstraße am Ortsausgang in Richtung Dahn, örtliche Beschilderung zum Sanatorium Kurklinik.

Wegmarkierungen Grüne Weintraube und örtliche Wegbezeichnungen.

Tourenlänge 12 Kilometer.

Wanderzeit 3 Stunden.

Höhenunterschiede Insgesamt etwa 220 Höhenmeter, verteilt auf mehrere kürzere Anstiege.

Wanderkarte 1:25 000 Bad Bergzabern mit elsässischem Grenzgebiet.

Wissenswertes Die Burg Landeck (Anstiegsvorschlag als Variante zum Wanderweg Deutsche Weinstraße) ist ein gerade-

Pleisweiler, ehemalige Wasserburg (© Heinz R. Wittner)

zu klassisches Beispiel mittelalterlicher Burgenbaukunst. Ein 10 Meter tiefer Halsgraben wird von einer hölzernen Brücke überspannt, dem einzigen Zugang zur Burg. Landeck hat den besterhaltenen Bergfried aller pfälzischen Burgen. Ein kleines Turmmuseum birgt Urkunden, Kleinfunde und Bildtafeln. Der Bergfried ist als Aussichtswarte zugänglich.

Klingenmünster am Fuße der Burg Landeck war Sitz eines berühmten und einflußreichen Klosters, das schon vor dem Jahre 800 durch Benediktinermönche gegründet wurde. Das gastliche Weindorf ist der Geburtsort des pfälzischen Heimatdichters August Becker (1828–1891).

Tourenbeschreibung Wir verlassen Bad Bergzabern beim *Weingut Lorch* an der Bismarckstraße, wenden uns bald wieder nach links (Zeppelinstraße) und werden hier bereits wieder durch die Traubenmarkierung auf braunen Holzwegweisern geführt. Über den Altenbergweg erreichen wir die Weinberge und wandern an einer Schutzhütte vorbei hinab zum Ortsrand von *Pleisweiler*. Das Alte Schloß bleibt rechts liegen, und wir wenden uns mit der Lokalmarkierung »21« nach links. Im Ort ist genau auf die Markierung zu achten, denn der Wanderweg quert über einen schmalen Steg das Bächlein (der gerade Talweg führt zur sehenswerten Wappenschmiede). Wir wandern hinauf zum Ortsrand (hinter den letzten Häusern scharf links ab, örtliche Markierung »30«). Am Rande zwischen Wald und Reben verläuft der Pfad

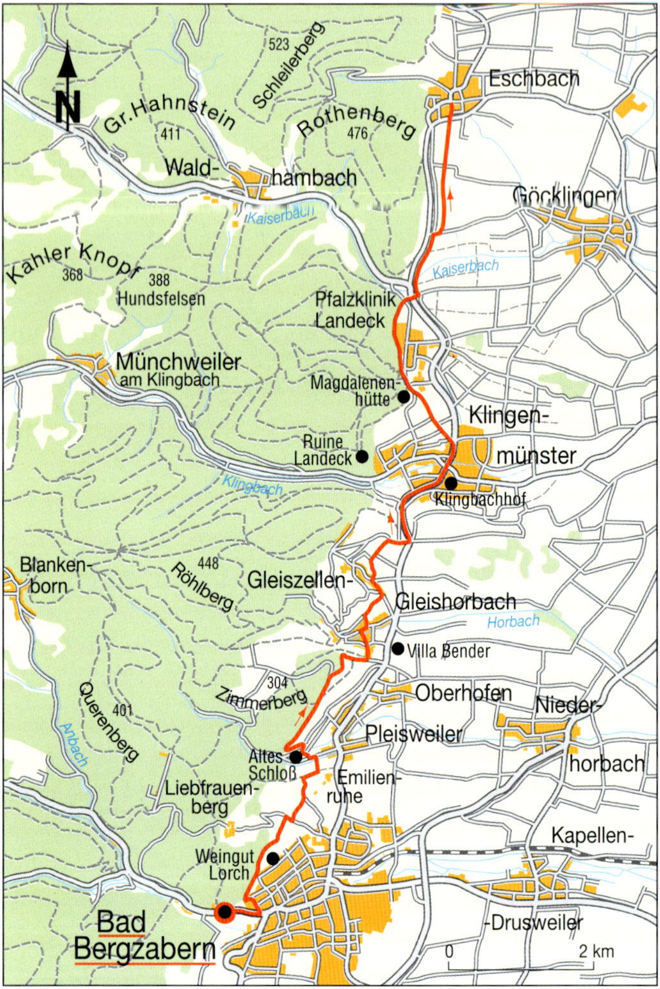

weiter und mündet schließlich in einen befestigten Weinbergweg ein. Hier beginnt der Abstieg nach *Gleishorbach* (bei Weggabelung links halten). Durch die Schlemmergasse wandern wir an einem herrlichen alten Brunnen mit drei Trögen vorbei, um gleich wieder nach links durch die Lettengasse zum Gefallenen-Ehrenmal anzusteigen. Wir wandern an Kapelle und Friedhof vorbei und kommen hinab nach *Gleiszellen* mit seinen romantischen Weinhöfen und Fachwerkhäusern. Über die Winzergasse erreichen wir den Ortsrand und steigen in Höhe der Südpfalz-Terrassen wieder nach links durch die Weinberge an (Markierung genau beachten!). Etwa 100 Meter vor den höchstgelegenen Wohnhäusern des Dorfes geht es geradeaus weiter bis zu einer Schutzhütte. Hier ist noch die Markierung »Traube« zu finden, sie fehlt aber wenige Schritte danach, wo der direkte Abstieg nach Klingenmünster über steile Steintreppen beginnt. Wir durchwandern das ehemalige Klosterdorf, kommen am Geburtshaus des Heimatdichters August Becker vorbei (Gedenktafel) und folgen am Ortsausgang der Alten Straße, die nach links abzweigt (Fahrweg zur Klinik). Der Weiterweg (gemeinsam mit Markierung weißer Strich und schwarzer Punkt) führt direkt an der weitläufigen Anlage der Landesklinik vorbei und mündet in die vielbefahrene Straßenkreuzung ein. Der Wanderweg Deutsche Weinstraße unterquert die Straße und verläuft in einigem Abstand zur Straße als teils befestigter Landwirtschaftsweg – wenig reizvoll – in genau nördliche Richtung nach *Eschbach*.

Empfehlenswerte Varianten:

a) Nach dem Abstieg zum Klingbachhof vor Klingenmünster wenden wir uns nicht nach rechts in Richtung Dorf, sondern überschreiten die Straße und steigen mit der Markierung weißer Strich mit schwarzem Punkt direkt an zur Burg Landeck. Mit gleichem Wanderzeichen folgen wir ab Landeck dem Fahrsträßchen abwärts, das bei der Landesklinik Landeck

Eschbach mit der Madenburg (© Heinz R. Wittner)

wieder in den Wanderweg Deutsche Weinstraße einmündet. Zusätzlicher Anstieg von etwa 150 Höhenmetern, keine Verlängerung der Wanderstrecke.

b) Bei der Wegkreuzung unterhalb der Landesklinik queren wir die Weinstraße nicht, sondern gehen wenige Schritte talauswärts, um dann mit der Markierung weißer Strich und schwarzer Punkt in Serpentinen zur Madenburg anzusteigen. Abstieg von der Madenburg nach Eschbach ist gut markiert. Zusätzlicher Anstieg von etwa 170 Höhenmetern, Verlängerung der Wanderstrecke um etwa zwei Kilometer.

3. Wandertag

86 Von Eschbach über den Slevogthof und Siebeldingen nach Gleisweiler

Verkehrsmöglichkeiten Busverbindungen nach Landau.
Parkmöglichkeiten In der Ortsmitte von Eschbach.
Wegmarkierungen Grüne Traube.
Tourenlänge 12 Kilometer.
Wanderzeit 3 Stunden.
Höhenunterschiede Insgesamt etwa 290 Höhenmeter, kurzer steiler Anstieg von Leinsweiler zum Slevogthof, mehrere leichte Anstiege.
Wanderkarte 1:25 000 Annweiler am Trifels.

Tourenbeschreibung In Eschbach wandern wir an Kirche und Rathaus vorbei bergan durch die Weinberge bis zum Ende des befestigten Weges. Unter uns liegt Leinsweiler. Wir wenden uns hier nach links in Richtung Waldrand, bis etwa 100 Meter zuvor wieder die Traubenmarkierung auftaucht und den Abstieg nach *Leinsweiler* weist. Im schönen alten Ortskern steht am Rathaus ein alter Brunnen. Dort übernehmen zahlreiche Markierungen die Führung zum Slevogthof, zu dem uns ein kurzer kräftiger Anstieg hinaufführt. Lohnend ist der ganz kurze Abstecher zur uralten *Martinskirche*, die rechts des Weges steht. Ihre Geschichte geht in das 7. oder 8. Jahrhundert zurück.

Noch vor Erreichen des Slevogthofes (siehe Tour 37) biegt der Wanderweg Deutsche Weinstraße nach rechts ab. Nach kurzem Abstieg auf befestigtem Weinbergweg ist genau auf den Weiterweg zu achten, denn er verläßt den Hauptweg nach links und führt auf unbefestigtem Sandweg am Waldrand entlang. Wir kommen

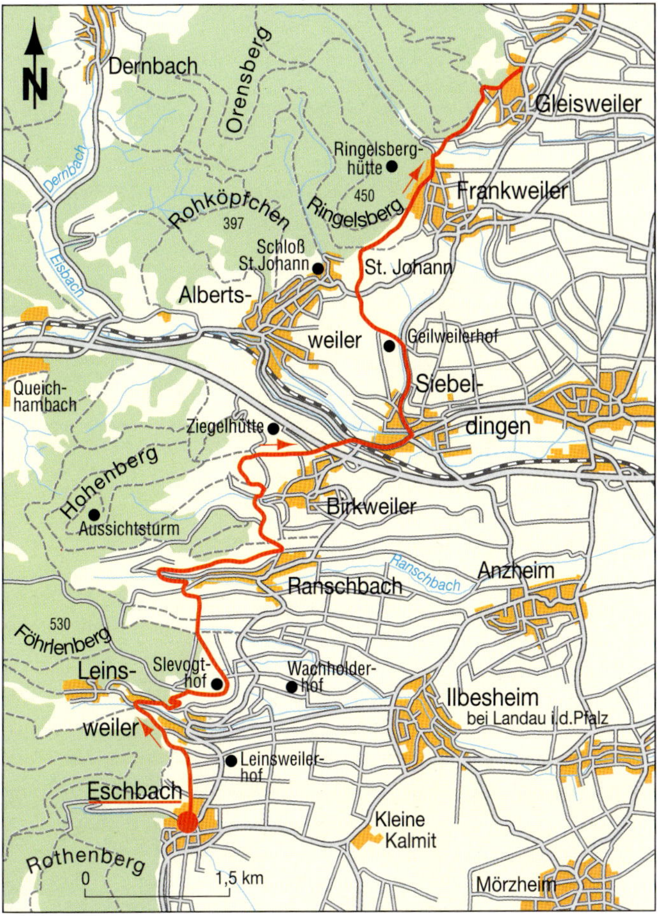

an einem Gedenkstein für einen 1975 verunglückten Winzer vorbei und durchwandern eine noch ursprünglich gebliebene – also noch nicht umgelegte – Weinberglandschaft. Am Ortsrand von *Ranschbach* führt der Wanderweg in der Nähe der »Wunderquelle« vorbei, um die in den Jahren 1982/83 ein riesiger Rummel entstand, der längst wieder vorbei ist.

Unser Weiterweg zieht durch die weiten Rebflächen am Südhang des Kastanienbusch, passiert eine Schutzhütte und führt über die aussichtsreiche Anhöhe am Taschberg hinab zum Bahnhof Birkweiler und nach Siebeldingen bis zum Ortsausgang in Richtung Frankweiler.

Leinsweiler mit dem höhergelegenen Slevogthof (© Heinz R. Wittner)

Nun steigt der Wanderweg auf ausgebautem Fahrweg wieder an und zieht hinauf zu einer aussichtsreichen Anhöhe am Taschberg. Der Abstieg führt zu einer aufgelassenen Ziegelgrube (lt. Karte Höhe 197,8) und weiter nach Siebeldingen. Wir durchwandern *Siebeldingen* bis zum Ortsausgang in Richtung Frankweiler. Durch die Dagobertstraße wandern wir hinüber zur Bundesforschungsanstalt für Rebenzüchtung *Geilweilerhof*.

 Ranschbach (© Heinz R. Wittner)

Bei der Versuchsanstalt gehen wir weiter durch die Weinberge bergan, queren die Fahrstraße und steigen zwischen Steinriegeln und Weinbergen weiter aufwärts. Bald zeigt sich links drüben der Trifels und wir kommen hinauf zum Waldrand. Nun begleitet auch der rote Strich unseren Weiterweg, der ein herrliches Panorama eröffnet. Über den *Wanderparkplatz Ringelsberg* gelangen wir zum Ortsrand von Frankweiler, folgen der Bergbornstraße und erreichen schließlich das Tagesziel *Gleisweiler.*

Empfehlenswerte Varianten:

a) Abstecher vom Slevogthof zum Trifels mit örtlicher Wegmarkierung »14«.
   Keine nennenswerten Anstiege, Verlängerung der Wanderstrecke für Hin- und Rückweg etwa sechs Kilometer.

b) Durch das Hainbachtal bei Frankweiler mit Markierung rotweißer Strich zur Landauer Hütte und über Dreimärker und Trifelsblickhütte nach Gleisweiler (siehe Tour 55).
   Zusätzliche Steigung etwa 220 Höhenmeter, Erweiterung der Wanderstrecke um etwa sechs Kilometer.

4. Wandertag

87 Von Gleisweiler nach Neustadt an der Weinstraße

Verkehrsmöglichkeiten Busverbindungen nach Landau und Neustadt an der Weinstraße.
Parkmöglichkeiten Wanderparkplatz bei der Friedenseiche. Die Parkplätze beim Santorium sind an Wochenenden meist belegt.
Wegmarkierungen Grüne Weintraube.
Tourenlänge 15 Kilometer.
Wanderzeit 4 Stunden.
Höhenunterschiede Insgesamt etwa 380 Höhenmeter, zahlreiche kurze An- und Abstiege.
Wanderkarte 1:25 000 Neustadt – Maikammer – Edenkoben – Landau.

Tourenbeschreibung In Gleisweiler wandern wir am Sanatorium vorbei und über Bergstraße und Kapellenweg. Hier zeigt ein Wegweiser zum Weingut St. Anna den Weiterweg. Vom Weingut steigen wir noch weitere fünf Minuten aufwärts, dann wendet sich der Weinpfad scharf nach rechts (Markierung Traube an alter Kastanie bei Sitzbank, örtliche »3«). An Wochenendgrundstücken vorbei geht es steil hinab nach *Burrweiler.*

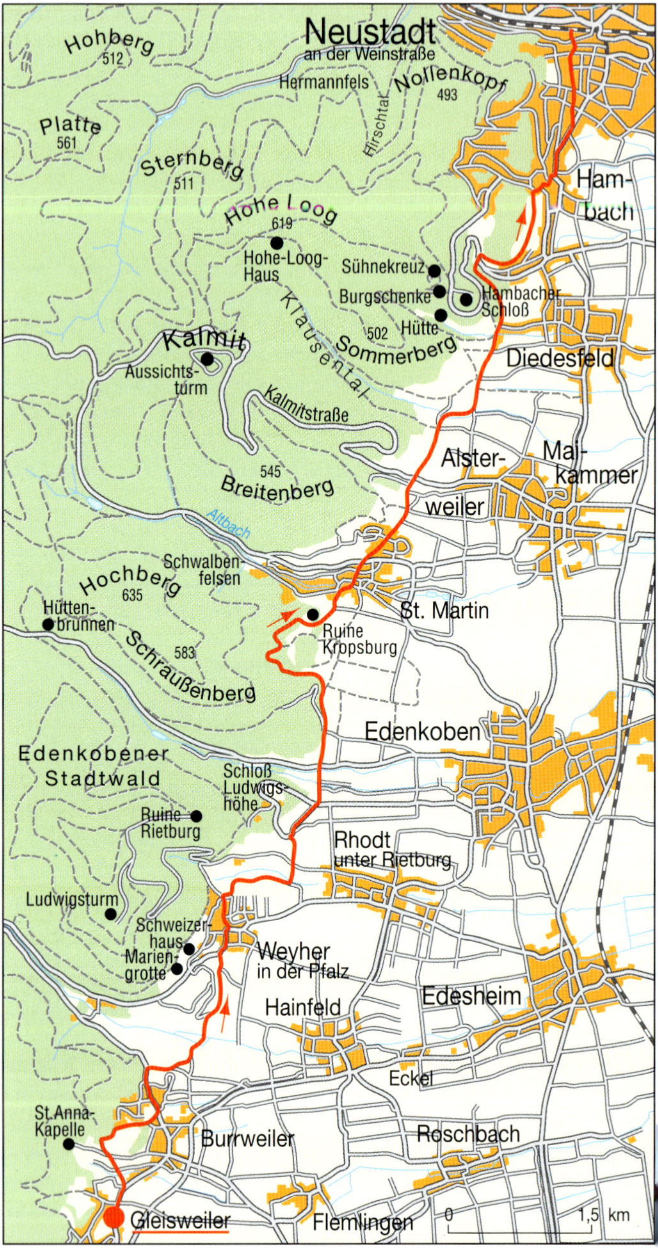
Neustadt
an der Weinstraße
Hohberg
512
Hermannfels
Nollenkopf
493
Platte
561
Hirschtal
Sternberg
511
Hambach
Hohe Loog
619
Hohe-Loog-Haus
Sühnekreuz
Burgschenke
Hambacher Schloß
Hütte
502
Klausental
Kalmit
Aussichtsturm
Sommerberg
Diedesfeld
Kalmitstraße
Alsterweiler
Maikammer
545
Breitenberg
Altbach
Schwalbenfelsen
Hochberg
635
St. Martin
Hüttenbrunnen
Ruine Kropsburg
583
Schraußenberg
Edenkoben
Edenkobener Stadtwald
Schloß Ludwigshöhe
Ruine Rietburg
Rhodt unter Rietburg
Ludwigsturm
Schweizerhaus
Mariengrotte
Weyher in der Pfalz
Hainfeld
Edesheim
Eckel
St. Anna-Kapelle
Burrweiler
Roschbach
Gleisweiler
Flemlingen
0
1,5 km

Wir folgen der Dorfstraße bis zur Einmündung in die Deutsche Weinstraße und müssen hier genau auf die Wegmarkierung achten. Wir finden die Traube bei der Bushaltestelle (Steinkruzifix) und wandern an der *Burrweiler Mühle* vorbei hinüber nach *Weyher*. In der Ortsmitte beim Gasthof Löwen steigen wir an und finden bei der Weggabelung auf der Höhe den Wegweiser zur Rietburgbahn, der auch uns die Richtung weist. Vom Waldrand aus wandern wir einige Schritte in Richtung Edenkoben und biegen bei den Tennisplätzen links ab (Wegweiser Siegfriedschmiede, alte Weinpresse am Weinlehrpfad Edenkoben). Der Weinpfad quert die Fahrstraße, folgt einem ansteigenden Weinbergweg und zieht hinüber zur *Kropsburg*, die ab Edenkoben auch mit Pkw angefahren werden kann. Der Abstieg nach *St. Martin* ist gut bezeichnet. Den malerischen Weinort verlassen wir über die steile Kirchgasse, queren die Kalmitstraße und wandern über den *Weinlehrpfad Maikammer* (siehe Tour 64) hinüber nach *Unterhambach* am Fuße der Maxburg (Hambacher Schloß). Ein Wegweiser am Anfang der Käsgasse zeigt den Aufstieg. Wir halten uns an die Dorfstraße, wandern kurz abwärts und dann nach links (Traubenmarkierung). Der Wanderweg beschreibt schließlich einen Bogen nach links (Westen), umgeht die Häusergruppe und führt die Markierung erst wieder auf dem Weiterweg nach Hambach, wo sich eine weite Aussicht über das Rebland der Pfalz öffnet. Beim Hambacher Hof halten wir uns nach links (Wegweiser Waldschlössel) und wandern schließlich mit den Wegmarkierungen

Altes Winzerhaus mit dem typischen Torbogen in Hambach (© Heinz R. Wittner)

St. Martin, am Kirchberg (© Heinz R. Wittner)

roter Punkt und roter Strich hinab nach Neustadt an der Weinstraße.

Empfehlenswerte Variante: Anstieg zum Hambacher Schloß ab Unterhambach (siehe Tourenbeschreibung) und mit der Wegmarkierung roter Strich nach Neustadt. Kleiner Umweg, Anstieg zum Hambacher Schloß etwa 160 zusätzliche Höhenmeter.

Römisches Mithräum in Gimmeldingen (© Heinz R. Wittner)

88 Von Neustadt nach Bad Dürkheim

Verkehrsmöglichkeiten Zahlreiche Bahn- und Busverbindungen nach Neustadt an der Weinstraße.
Parkmöglichkeiten Beim Strohmarkt am Nordrand der Stadt, Wegweiser zum Stadtteil Haardt.
Wegmarkierungen Grüne Traube.
Tourenlänge 16 Kilometer.
Wanderzeit 4 Stunden.
Höhenunterschiede Insgesamt etwa 200 Höhenmeter, keine anhaltenden Anstiege.
Wanderkarte 1:25 000 Neustadt – Maikammer – Edenkoben – Landau und Bad Dürkheim und Umgebung.

Tourenbeschreibung Beim *Strohmarkt* am Stadtausgang in Richtung Stadtteil Haardt zeigt eine Wandertafel die Richtung an, und man gelangt schnell aus dem Trubel der Stadt hinauf nach *Haardt* und zur *Dr.-Welsch-Terrasse*. Über den Sonnenbalkon Haardt wandern wir in schöner Halbhöhenlage weiter, und auch auf dieser Tagesetappe entlang des Wanderweges Deutsche Weinstraße reiht sich ein berühmter Weinort an den anderen. Unsere nächste Station ist *Gimmeldingen*, und die Traubenmarkierung hilft in der Ortsmitte hinüber nach *Königsbach*. Über die Erika-Köthstraße geht es hinüber zur Gaststätte »Pfalz-Blick«, die ihrem Namen Ehre macht und eine herrliche Aussicht anbietet. Wenige Schritte führen hinab zum Wanderparkplatz Mühltal bei Deidesheim, und durch die berühmten Weinlagen (unterwegs Rastplatz im Deidesheimer Paradies) zieht der Wanderpfad über den Parkplatz Sensental zur Gemarkungsgrenze der Wein- und Sektstadt Wachenheim, die den Weinpfadwanderer mit einer großen Informationstafel begrüßt. Am oberen Ortsrand von Wachenheim und unterhalb der Wachtenburg wandern wir weiter und halten uns beim »Burgstüb'l« rechts. Über den Bornweg und die Mühlwiesenstraße gewinnen wir den Ortsrand, gehen hier geradeaus am Hang entlang (abgeschrankter Fußweg) und erreichen durch die Rebfelder und nahe der Weinstraße die Stadt Bad Dürkheim.

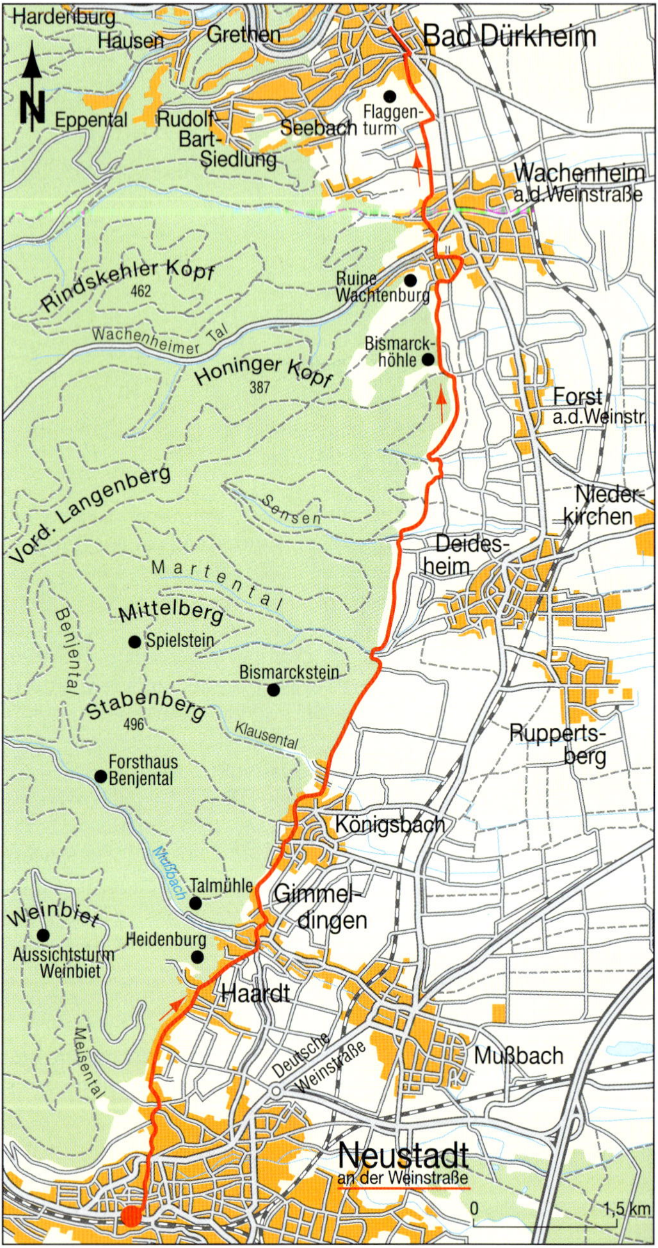
Hardenburg
Hausen
Grethen
Bad Dürkheim
N
Eppental
Rudolf-Bart-Siedlung
Seebach
Flaggen-turm
Wachenheim a.d.Weinstraße
Rindskehler Kopf
462
Ruine Wachtenburg
Wachenheimer Tal
Bismarck-höhle
Honinger Kopf
387
Forst a.d.Weinstr.
Vord. Langenberg
Sensen
Nieder-kirchen
Deides-heim
Martental
Mittelberg
Spielstein
Benjental
Bismarckstein
Stabenberg
496
Klausental
Ruppertsberg
Forsthaus Benjental
Königsbach
Nußbach
Talmühle
Gimmel-dingen
Weinbiet
Aussichtsturm Weinbiet
Heidenburg
Haardt
Meisental
Deutsche Weinstraße
Mußbach
Neustadt an der Weinstraße
0
1,5 km

Altes Winzerhaus in Wachenheim (© Willi Bottler)

6. Wandertag

89 Von Bad Dürkheim nach Grünstadt

Verkehrsmöglichkeiten Gute Bahn- und Busverbindungen nach Bad Dürkheim, direkte Verbindung mit dem Raum Ludwigshafen – Mannheim durch die Rhein-Haardt-Bahn.
Parkmöglichkeiten Auf dem Wurstmarkt-Festplatz.
Wegmarkierungen Weintraube.
Tourenlänge 18 Kilometer. **Wanderzeit** $4^1/_2$ Stunden.
Höhenunterschiede Insgesamt etwa 310 Höhenmeter, verteilt auf mehrere Anstiege. Kurze kräftige Steigung zwischen Kleinkarlbach und Neuleiningen.
Wanderkarte 1:25 000 Bad Dürkheim und Umgebung sowie 1:25 000 Grünstadt und Leininger Land.
Wissenswertes *Bad Dürkheim* siehe Tour 72.

Das malerische Dorf *Neuleiningen* ist an den steilen Burghang geschachtelt und steht unter Denkmalschutz. Die Burg stammt aus dem 13. Jahrhundert, überstand den 30jährigen Krieg unbeschadet und wurde 1690 zerstört.

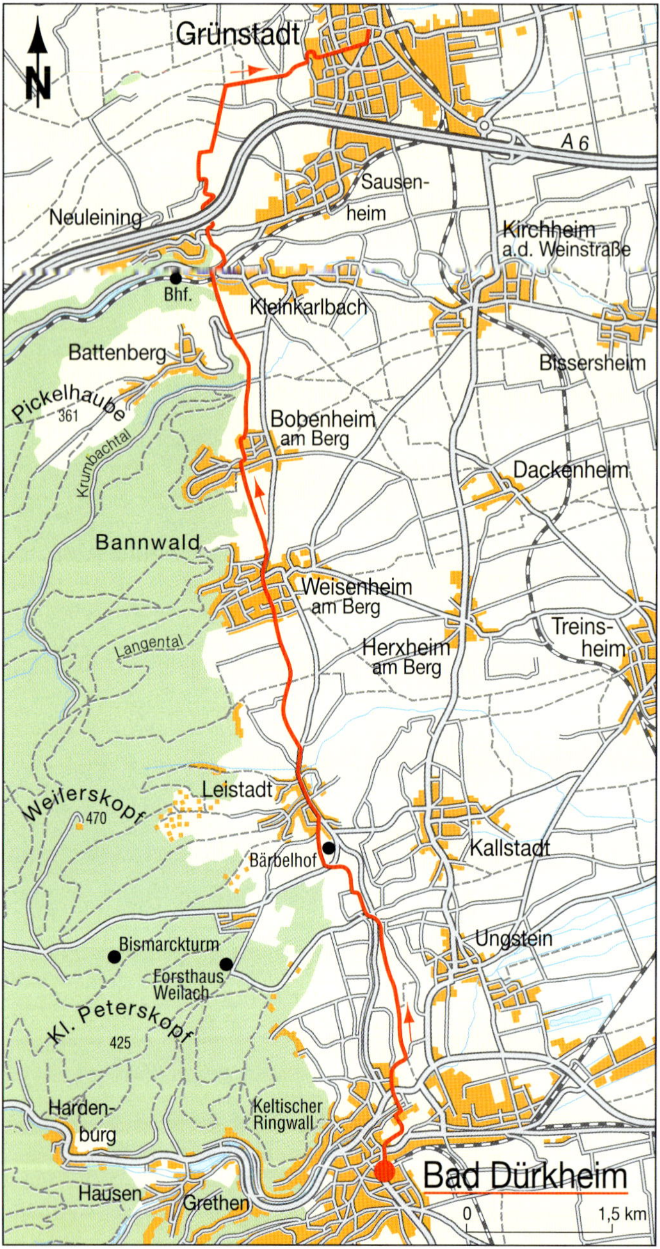
N
Grünstadt
A 6
Sausen-
heim
Neuleining
Kirchheim
a.d. Weinstraße
Bhf.
Kleinkarlbach
Battenberg
Bissersheim
Pickelhaube
361
Bobenheim
am Berg
Krumbachtal
Dackenheim
Bannwald
Weisenheim
am Berg
Treins-
heim
Langental
Herxheim
am Berg
Leistadt
Weilerskopf
470
Bärbelhof
Kallstadt
Ungstein
Bismarckturm
Forsthaus
Weilach
Kl. Peterskopf
425
Harden-
burg
Keltischer
Ringwall
Bad Dürkheim
Hausen
Grethen
0
1,5 km

Anmerkung Der Wanderweg Deutsche Weinstraße führt in weitem Bogen zur Burg hinauf. Es ist jedoch reizvoller, direkt vom Dorf Kleinkarlbach aus anzusteigen.

Tourenbeschreibung Der riesige Festplatz des weitbekannten Dürkheimer Wurstmarktes bietet reichlich Parkplatz und ist Ausgangspunkt unserer Wanderung. Am Anfang der *Sachsenhüttenstraße* entdecken wir die Traubenmarkierung. Bei der Gärtnerei halten wir rechts, gleich darauf wieder mit örtlicher Wegmarkierung nach links und allmählich bergan. Der *Rastplatz Michelsberg* bei der neuen Michelskapelle liegt nur 100 Meter rechts des Weges (Wegweiser) und bietet eine schöne Sicht. Etwa zwei Kilometer wandern wir über den flachen, rebenbestandenen Bergrücken, folgen dann für 200 Meter der Fahrstraße und verlassen diese wieder nach links (Wegweiser zum Weingut Annaberg). Vor den Gebäuden geht es wieder rechts ab und auf dem folgenden Wegabschnitt ist genau auf die Markierung zu achten, weil sich der Wanderpfad nicht immer an den Hauptweg hält und mehrfach die Richtung wechselt. Wir kommen zum *Bärbelhof*, wenden uns direkt beim Gebäude nach rechts und wandern hinab nach *Leistadt*. An der Kirche mit ihrem kecken Dachreiter vorbei durchwandern wir das Dorf bis zum Ortsrand, halten uns hier nach links und wandern über die flache Anhöhe (zusätzliche Markierung roter Strich) nach *Weisenheim*. Auf dem die Straße begleitenden Feldweg erreichen wir *Bobenheim*, das wir über Bergpfad und Jahnstraße verlassen, um zu einem Parkplatz hinüberzuwandern.

Burgruine Neuleiningen (© Heinz R. Wittner)

Hier beginnt ein schmaler Fußpfad, der uns nach *Kleinkarlbach* führt (siehe Anmerkung).

Bei *Neuleiningen* unterqueren wir die Autobahn, wandern direkt hinter dem Gasthof *Haus Sonnenberg* nach rechts und am Sportplatz vorbei. Auf diesem Wegstück ist wieder genau auf die Markierung zu achten, denn die Wanderzeichen sind nicht sehr häufig, und der Pfad wechselt mehrfach die Richtung. Wir erreichen schließlich den hochgelegenen Stadtpark von *Grünstadt* mit seinen Einkehr- und Erholungseinrichtungen. Mit örtlichen Wegweisern wandern wir hinab nach Grünstadt.

Wer den Wanderweg Deutsche Weinstraße bis zu seinem nördlichen Ende abwandern will, kann die Wanderung auch über Bockenheim bis Kindenheim fortsetzen.

Der Pfälzer Naturfreundeweg

Der Pfälzer Naturfreundeweg ist ein 400 km langer Rundweg und verbindet 17 Naturfreundehäuser, die jeweils Übernachtungsmöglichkeiten bieten.

Informationen:
Naturfreunde Rheinland-Pfalz,
Hohenzollernstraße 14, 67063 Ludwigshafen.
Telefonnummer: 0621/523191

Die geschichtsträchtige Burg Nanstein, oberhalb von Landstuhl
(© Heinz R. Wittner)